REIHE ZEITGUT

Auswahl 2

Nichts führt zurück

Flucht und Vertreibung 1944–1948

Inhalt

Schlesien

Die neue Heimat

Orte

Geflohen, vertrieben, spät angekommen

Die Aufgabe des von der deutschen Armee besetzten Stalingrad läutete im Januar 1943 an der Ostfront die Wende des Zweiten Weltkrieges ein. Im Juni 1944 begann eine sowjetische Offensive, die nicht mehr zu stoppen war. Bereits im Juli wurde Memel, die nördlichste Stadt Ostpreußens, von russischen Truppen eingeschlossen.

Bis dahin bleibt die Bevölkerung in Ostpreußen, im östlichen Pommern und in Schlesien von den zermürbenden Bombardements der Alliierten weitgehend verschont; einzelne schwere Angriffe auf Danzig, Pillau, Königsberg, Tilsit und andere Städte ausgenommen. Die Verkehrswege sind intakt, die Lebensumstände lassen noch nicht mutlos werden und an den Durchhalteparolen zweifeln.

Als die Front auf sie zurollt, ist die Bevölkerung ungenügend vorbereitet. Meist viel zu spät und ohne ausreichende Vorwarnung kommt der Befehl zur Evakuierung, wird sie in ein beispielloses Fluchtchaos geworfen, dessen diffuses Ziel irgendwo im Westen liegt. Viele glauben lange, die Räumung sei nur für Wochen nötig, gewissermaßen als vorübergehende militärische Vorsorgemaßnahme.

Mehr als 55 Jahre nach der großen Flucht am Ende des Zweiten Weltkrieges werden hier Erinnerungen geweckt, die manche lieber ruhen ließen. Sie haben ihre damaligen Leiden eingekapselt und auf den Grund ihrer Erinnerung versenkt. Sie haben sich ihren Kindern und Enkeln gegenüber verweigert, wenn sie gebeten wurden, darüber zu sprechen. Sie haben die Debatten darüber gemieden oder sind, in der DDR, nur zu gern der offiziellen Aufforderung gefolgt, über die Geschichte ihrer Herkunft und ihrer Flucht und Vertreibung aus der einstigen Heimat zu schweigen. Das Thema war eines der großen Tabus der ostdeutschen Gesellschaft.

Doch ohne die Auseinandersetzung mit den Geschehnissen, ohne die Aufarbeitung von Schuld und ohne bewußte Vergebung, wird es weder bei den Opfern, noch bei den Tätern inneren Frieden geben können. Auch auf dem Weg zu einem vereinten Europa ist das Erinnern wichtig.

Die Veröffentlichung der erschütternden Berichte ist eine erneute Mahnung an das Unrecht, das den Vertriebenen zugefügt wurde, und das sich fortsetzte, während sie sich bereits bemühten, den Verlust der alten Heimat zu verkraften und ein neues Zuhause zu finden. Aus der Lektüre Hunderter Aufzeichnungen der Nachkriegszeit bleibt die Erkenntnis, das fast alle Vertriebenen in der neuen Heimat Ausgrenzungen und Anfeindungen erdulden mußten.

Zwar ist es eine der großen und unbestrittenen Leistungen der deutschen Nachkriegsgesellschaft, die Eingliederung der fast 10 Millionen Heimatlosen, etwa ein Achtel der Gesamt-Bevölkerung, organisiert und finanziert zu haben, doch sind bis heute Wunden zurückgeblieben, die in allen Erinnerungen nachschwingen.

Und obwohl es nie gelingen konnte, die durch die Vertreibung erlittenen Verluste, Leiden und Schmerzen auszugleichen, entstand bei vielen Deutschen im Westen in den sechziger Jahren das Gefühl, den Vertriebenen seien Wohltaten gewährt worden. Es wird eine Nachkriegsschmach der Westdeutschen bleiben, die vertriebenen Landsleute in der Mehrzahl schäbig behandelt zu haben.

Ich habe 1976 in einem freundlichen Dorf in Niedersachsen erlebt, daß in den sechziger Jahren dort geborenen Kindern einer ehemals ostpreußischen Familie noch immer das Stigma der hergekommenen Habenichtse anhing – mit der gesellschaftlichen Konsequenz der Ausgrenzung.

Wenn man die Zeitzeugenberichte über die Eingliederung zwischen 1945 und etwa 1955 in Ost- und Westdeutschland vergleicht, entsteht übrigens ein für den Westen wenig schmeichelhaftes Bild. Es scheint, als sei trotz geringerer Wirtschaftskraft und einseitiger politischer Reglementierung in der sowjetischen Besatzungszone und der späteren DDR die persönliche Integration der Vertriebenen erfolgreicher, zumindest schneller verlaufen. Dies ist um so erstaunlicher, als ihnen dort jegliche gesellschaftliche oder politische Formierung strikt untersagt war, während es im Westen landsmannschaftliche Verbände und mit dem BHE bis 1961, zusammen mit der Gesamtdeutschen Partei sogar bis 1968, eine Vertriebenen-Partei gab. BHE steht für „Bund der Heimatvertriebenen und Entrechteten“ – bezeichnend für das Empfinden dieser damals großen Randgruppe. In der DDR hat offenbar die aus Not und Bedrängnis herrührende – und später oft gerühmte – Solidarität dafür gesorgt, daß die Vertriebenen als die ärmsten der Gesellschaft warmherziger aufgenommen wurden.

Immer noch leben Menschen unter uns, die die hier geschilderten Leiden durchgemacht haben. Mit ihrem Schicksal und ihren Verlusten haben sie für alle Deutschen gesühnt. Niemand soll sagen können, er habe von ihrem Opfergang nichts gewußt.

Jürgen Kleindienst
Berlin im August 2001

Anmerkung: In den Jahren 1939 bis 1945 sind nahezu 5,5 Millionen Juden durch Deutsche und deren Verbündete getötet worden, weiter kamen 4,5 Millionen polnische Zivilisten, 7 Millionen sowjetische Zivilisten und 13 Millionen sowjetische Soldaten überwiegend durch deutsche Kriegshandlungen um.

Diese Zahlen lassen den Wahnsinn dieses Krieges ahnen und machen den Haß begreifbar, mit dem Polen und Russen nach Kriegsende gegen Deutsche vorgingen.

[Alt Kattenau/Neu Trakehnen*) – Stallupönen/ Ebenrode**), Ostpreußen – Tannenbergsthal, Vogtland; Frühjahr 1944 – Dezember 1944]

Otto Höchst

Ich suche das Vogtland

Manchmal habe ich Sehnsucht nach der weiten Landschaft, nach den wogenden Ährenfeldern, den Pferdekoppeln, Viehweiden und bunten Laubwäldern Ostpreußens. Wenn auch durch das Geschehen des Zweiten Weltkrieges belastet, mein Vater fiel an der Ostfront „für Führer, Volk und Vaterland auf dem Felde der Ehre“, hatte ich, von Mutter und den Großeltern wohl behütet, unbeschwerte Kindertage. Unsere Familie lebte in einem Dorf, das zu dem weithin bekannten Gestüt Trakehnen gehörte. Die vielen Pferde sorgten immer für Abwechslung. Und wer von uns Jungen träumte nicht davon, einmal im Gestüt zu arbeiten?

In unserem Dorf war die Landwirtschaft vorherrschend. Uns Kindern der Landarbeiter blieben die Ackergäule. Im Sommer durften wir mithelfen, die Ernte einzufahren. Auf dem Rücken eines Pferdes reitend, fuhren wir im Vierergespann den Leiterwagen von Hocke zu Hocke. Das mit Korngarben hochbeladene Fuder wurde dann von einem der Gespannführer in die Scheune gebracht.

Ein Riesenspaß war es, zum Feierabend die Ackerpferde in die Schwemme zu reiten. Ich durfte meistens nicht mit, denn meine Eltern waren der Meinung, ich müsse noch früh genug arbeiten, auch hatte meine Mutter Angst, mich auf einem Pferderücken ins tiefe Wasser zu lassen.

„Was dein Vater ist, sollst auch du werden“, sagte man

---

*) heute Furmanowka und **) Nesterow in Rußland

bei uns. Nachdem mein Vater gefallen war, kam für mich alles ganz anders. Eine Ausbildung auf dem Gestüt hatte mir Großvater bereits ausgeredet. „Du bist zu schmächtig“, meinte er, „weißt du, was für Kräfte in so einem Trakehner stecken?“

Auch für die Landwirtschaft sei ich nicht recht geeignet, befanden Mutter und die Großeltern. Schließlich sollte ich es später einmal leichter haben als sie.

Nach der Einsegnung verließ ich die achtklassige Volksschule. Jetzt mußte über meine berufliche Entwicklung entschieden werden. Zu dieser Zeit veröffentlichte das Landratsamt Ebenrode im „Ostdeutschen Grenzboten“ eine Anzeige, in der Lehrlinge für den Verwaltungsdienst gesucht wurden. Der Achtklassenabschluß genüge, hieß es, die dreijährige Lehrzeit sei mit dem Besuch einer entsprechenden Berufsschule verbunden.

Ob ich diesen Beruf tatsächlich wollte, weiß ich nicht mehr. Die Erwachsenen überzeugten mich. Der Lebenslauf, der für die Bewerbung verlangt wurde, bereitete mir einige Schwierigkeiten, aber schließlich brachte ich ihn zu Papier und schickte mein Schreiben in die Kreisstadt.

Bald darauf kam eine Einladung zu einem Gespräch. Meine Mutter und ich fuhren nach Ebenrode, wo uns ein Herr in Zivil empfing, was zu dieser Zeit selten war. Ich fragte mich, warum er wohl daheim und nicht an der Front sei.

Fräulein Matjukat würde mich prüfen, ob ich für diese Lehre geeignet sei, erklärte mir der Herr. Ich erschrak, denn auf eine Prüfung war ich nicht gefaßt. „Wie hinterhältig!“ dachte ich und hörte nur noch halb hin, als er über die Anforderungen an die Ausbildung sowie über mögliche berufliche Laufbahnen sprach. In Gedanken war ich bereits mit irgendwelchen Rechenaufgaben befaßt. Ich bekam lediglich Bruchstücke mit wie „Fachkursbesuche, mittlere Beamtenlaufbahn, Einsatz in eroberten Ostgebieten, die nun von deutscher Hand und im deutschen Geiste zu verwalten“ seien. Der Mann erhob sich von seinem Sessel, um mich mit Fräulein Matjukat bekannt zu machen. Dabei

Das Foto zeigt mich, rechts, mit meiner Mutter, meinen Geschwistern Lisbeth und Siegfried etwa 1943 noch zu Hause in Ostpreußen.

bemerkte ich, daß er eine Beinprothese, ein nachgemachtes Bein mit Fuß und Schuh, trug, ein Kriegsversehrter. In unserem Dorf lebte ein Invalide aus dem Weltkrieg, der hatte auch ein künstliches Bein, allerdings nur eine einfache Holzstütze ohne Fuß.

Fräulein Matjukat lächelte süßsäuerlich, strich ihr Haar glatt und forderte mich auf: „Na, dann woll'n wir mal!"

Als ich später meiner Tante Lotte davon erzählte, fragte sie: „War das die mit dem deutschen Knoten und den Makostrümpfen?"

„Einen Knups hatte sie", bestätigte ich. Bei den Strümpfen kannte ich mich nicht so gut aus.

Ich mußte Rechenaufgaben lösen, auch Kopfrechnen, ein Diktat und einen Aufsatz schreiben sowie Fragen zur deutschen Geschichte beantworten. Mir war unwohl, ich war unsicher. Nachdem ich alles glücklich überstanden hatte, tat ich Mutter gegenüber so, als sei es bestens gelaufen.

Nach geraumer Wartezeit empfing uns wieder der Herr mit dem falschen Bein, Fräulein Matjukat war auch dabei. Sie erklärten, daß die Ergebnisse so überzeugend nicht seien. Zwar hätte ich alles richtig ausgerechnet, aber ich sei etwas langsam. Der Aufsatz sei nicht schlecht, aber daß ein deutscher Junge trotz der vielen Berichte über den siegreichen Kampf der Wehrmacht „Infantrie" und „Kawlerie" schrieb, sei bedenklich. In Zukunft solle ich doch aufmerksamer die Kriegsberichterstattung in der Zeitung lesen. Ich wurde trotzdem angenommen. Während meiner Lehrzeit sollte ich bei meiner Tante in der Kreisstadt wohnen. Da die Kammer nicht beheizbar war, gab mir Mutter eine weinrote Decke mit: „Wenn dir kalt ist, leg die Decke übers Bett, die wärmt gut."

Am 15. April 1944, ich war noch nicht 14 Jahre alt, begann meine Lehre im Landratsamt Ebenrode. Ich wurde dem Wirtschaftsamt zugeteilt. Das Schwerste war für mich das Stillsitzen. Stundenlang mußte ich bereits bearbeitete Bezugsscheinanträge dem Alphabet nach sortieren, lochen und bündeln. An Sprechtagen, wenn lebhafter Publikumsverkehr war, hatte ich eine Art Portiersstellung inne. Ich mußte die Vorzimmertür zum Chef des Wirtschaftsamtes bewachen und durfte nur jene Besucher hineinlassen, die eine Zuweisung zum Chef, von anderen Beamten oder Angestellten ausgeschrieben, vorzeigen konnten. Immerhin, eine kleine Machtposition. Daraufhin wurde meine Schwester manchmal von Klassenkameradinnen gefragt, ob ich im Landratsamt immer noch Klinken putzen würde?

Der einen antwortete Liesbeth einmal schlagfertig: „Wer nischt kann, ist bei der Bahn." Der Bruder der Spötterin war nämlich Lehrling auf dem Trakehner Bahnhof.

Die Gesichter der Erwachsenen wurden in diesen Wochen immer sorgenvoller. Anfang Juni 1944 hörten wir, daß die Amerikaner in der Normandie gelandet waren. Ich konnte das Wort „Invasion“ nicht deuten, aber es wirkte irgendwie niederdrückend. Soviel stand fest: Deutschland hatte jetzt an einer weiteren Front zu kämpfen.

Im Grenzland zu Litauen gelegen, waren wir an aufregendes Geschehen gewöhnt. Bevor die deutschen Truppen im Juni 1941 die sowjetische Grenze überschritten, hatte es hier wochenlang von Soldaten, Panzern und Geschützen nur so gewimmelt. Wir hatten keinen Unterricht, weil das Schulgebäude mit Soldaten belegt war. Jede Familie bekam eine Einquartierung. Das war, als hätte man Besuch. Der Soldat wurde freundlich aufgenommen und gut versorgt. Mutter und Oma sagten immer, wenn man Gutes tue, falle das auf einen selbst zurück. Bestimmt würden sich auch Menschen finden, die die Unseren, gemeint waren Vater und Onkel Willy, freundlich aufnehmen.

„Nach Ostland geht unser Ritt. Wenn das man gut geht!“ meinte Großvater besorgt. Als die Kanonendonner uns in der Nacht weckten und der Krieg mit Rußland tatsächlich begann, kam kurzzeitig Angst in uns auf.

Die Donner wurden bald schwächer, die Menschen beruhigten sich. Es war Krieg und wir siegten. Die vorherrschende Meinung war: „Da hat der Pakt mit Stalin auch nichts genützt. Die Bolschewisten müssen eben besiegt werden, sonst gibt es keine Ruhe!“

Die Älteren hatten im Ersten Weltkrieg ihre Erfahrungen gemacht. Immer wieder erzählte Großmutter, wie die Kosaken damals bei uns gehaust hätten, und sie wünschte, daß so etwas nicht noch einmal passieren dürfe. Zweimal waren sie geflohen, zweimal zurückgekehrt. Deshalb hatte sie stets ein kleines Köfferchen mit etwas Geld und den Papieren bereitzustehen. Aber als es dann im Oktober 1944 ernst wurde, flüchtete sie Hals über Kopf – ohne Urkunden. Das brachte mir 50 Jahre später, als es um eine kleine Erbschaft ging, allerhand Ärger ein, denn ich besaß keine Geburtsurkunde.

Nachts wachten wir manchmal vom Motorengedröhn

der Bombengeschwader auf. Wir liefen dann nach draußen und rätselten, ob es deutsche oder feindliche seien. Meist hieß es beruhigend: „Das sind unsere, sie fliegen nach Osten!“ Oft genug waren es aber auch feindliche Verbände, die nach Zielen suchten. Erschreckend und schön zugleich waren die sogenannten Christbäume am nächtlichen Himmel. Um bei der plötzlichen Helligkeit nicht bemerkt zu werden, versteckten wir uns ängstlich.

Am nächsten Schultag war die Angst vergessen.

Für mein Lehrlingsdasein in Ebenrode sollte mir nur noch wenig Zeit verbleiben. Der Kanonendonner wurde täglich lauter, vereinzelt schlugen in der Nähe bereits Granaten ein. Überall war Militär, die Organisation Todt richtete in der Kreisstadt eine Kommandozentrale ein. Ich wurde als Bote für wichtige Informationen des Landratsamtes eingesetzt, denn eine telefonische Übermittlung war zu gefährlich geworden. „Feind hört mit!“ stand auf zahlreichen Plakaten. Nach Bombenangriffen wurden wir Lehrlinge zu Aufräumungsarbeiten herangezogen. Wir mußten die Ware zerstörter Geschäfte zum Weitertransport auf LKWs verladen. Zu kostbar waren Lebensmittel, Wäsche oder Bekleidung.

In den ersten Oktobertagen kam meine Mutter nach Ebenrode und eröffnete mir, daß sie als alleinstehende Frau mit ihren drei Kindern evakuiert werden sollte. Es sei Pflicht, dieser Aufforderung nachzukommen. Sie habe erreicht, daß die Großeltern demselben Transport zugeteilt wurden. Ich solle ebenfalls mitkommen.

„So geht das nicht! Was soll aus meiner Lehre werden?“ war meine erste Reaktion. Ein Gespräch mit der verantwortlichen Leiterin ergab, daß es die Entscheidung meiner Mutter sei, mich mitzunehmen oder nicht. Die Evakuierung wäre sowieso nur eine vorübergehende Vorsichtsmaßnahme. Wir alle seien doch der festen Überzeugung, daß die Front bald stabilisiert und der Feind zurückgeschlagen werde. Die Heimat werde niemals aufgegeben!

Was ging mir in diesem Moment nicht alles durch den Kopf? Gemäß dem Ideal, das „der Führer“ von der deutschen Jugend entworfen hatte, mußte ich hart sein wie Kruppstahl, zäh wie Leder und flink wie ein Windhund. „Ein deutscher Junge kennt keine Angst!“

Ich dachte an Gauleiter Koch, der die Patenschaft über alle Kriegswaisen seines Gaues übernommen hatte. Weihnachten 1943 war für uns Kriegswaisen im Saal von Schneiders Gasthof in Kattenau ein großes Fest ausgerichtet worden. Hohe Herren waren anwesend: der Bürgermeister, der Lehrer, sogar der Herr Pfarrer. Der Weihnachtsmann überreichte uns mit den Geschenken die Patenschaftsurkunden. Auch ich hatte eine solche Urkunde erhalten, die mir in Aussicht stellte, mit dem 21. Lebensjahr 1000 RM zu bekommen, vorausgesetzt, ich würde mich zu einem wertvollen Glied der nationalsozialistischen Volksgemeinschaft entwickeln.

„Du darfst keinen enttäuschen!“ sagte eine innere Stimme. Also versuchte ich, meine Mutter zu überreden, daß ich in Ebenrode bleiben durfte. Es würde sich sowieso bald alles zum Guten wenden. Mutter gab nach. Sie stattete mich mit ein paar Reichsmark aus, die ich fortan in einem Brustbeutel bei mir trug. Noch zwei, drei gute Ratschläge, und auch Tränen. Es ging dann alles sehr schnell. Kurz darauf wurde meine Tante ebenfalls evakuiert. In den Straßen Ebenrodes sah man kaum noch Zivilisten, sondern nur noch Militär und Leute von der Organisation Todt.

Im Landratsamt wurde angeordnet, daß wir ab sofort in den Kellerräumen der Amtsgebäude Quartier zu nehmen hatten. Dort waren Doppelstockbetten, ein paar Schränke, Tische und Stühle aufgestellt worden. Auch eine Art Gesellschaftsraum gab es mit einem Klubtisch, ein paar Sesseln und einem Klavier. Jeder holte von zu Hause sein Federbett sowie Waschzeug und Wäsche zum Wechseln. Ein Glück, daß ich auch an Wintersachen dachte.

Mir blieben noch ein paar Botengänge und einige Abende im Keller des Landratsamtes, die recht nachdenklich stimmten. Um uns herum krachten Granaten. Wie weit oder wie nah die Front war, erfuhren wir nicht. Angst kam auf. Aus dem Radio erklang das Lied „Tapfere kleine Soldatenfrau“. Die Frauen unter uns waren in Gedanken bei ihren Männern oder Brüdern.

Doch bald wurden andere Töne über den Sender geschickt. Lieder wie „Das kann doch einen Seemann nicht erschüttern“ oder „Davon geht die Welt nicht unter“ sollten zum Durchhalten bewegen. Im sonntäglichen Wunschkonzert spielte man „Heimat, deine Sterne, die leuchten mir auch an fernem Ort“, das ich so gern hörte. Unter welchen Sternen mochten meine Angehörigen jetzt sein?

Meine Gedanken wurden durch Meldungen über die Frontlage unterbrochen. Von neuen Brückenköpfen und von Einkesselungen war die Rede. Gott sei Dank waren keine deutschen Ortsnamen dabei. Noch nicht! Die Front konnte jedoch nicht mehr weit von der deutschen Grenze entfernt sein.

Eine Angestellte, die von einem großen Bauernhof in der Nähe stammte, hatte Sonntagsurlaub bekommen und war mit dem Fahrrad, Busse verkehrten nicht mehr, nach Hause gefahren. Als sie am Abend zurückkehrte, brachte sie einen Rauchschinken, frische Butter und Brot für uns alle mit. Ihre Mutter habe gebacken, auf Vorrat sozusagen, denn in den nächsten Tagen werde es ins Pommersche gehen, wo sie Verwandte hätten. Zwei Leiterwagen hätten sie vollgepackt. Der Laster, den sie besaßen, sei vor ein paar Tagen von der Wehrmacht beschlagnahmt worden. Wegen der Benzinknappheit hätte er ihren Leuten ohnehin wenig genutzt.

Das gute Abendessen und die Aufregung des Tages hatten mich sehr müde gemacht, so daß ich früh zu Bett ging. Die Erwachsenen blieben noch auf. Sicher hatte das Fräulein auch etwas Hochprozentiges von zu Hause mitgebracht. Von Großvater wußte ich, daß die Bauern ihren Obstwein selbst kelterten und auch Korn brannten. Nebenan sangen sie: „Im Feldquartier, auf hartem Stein, reck ich die müden Glieder“. Ich weinte mich leise in den Schlaf.

Am nächsten Tag kam ein Telegramm von Mutter: „Sind in Muldenberg im Vogtland, wir sind gesund.“ Bald darauf erhielt ich auch einen Brief. Merkwürdig, die Postbeförderung funktionierte noch immer ganz gut. Seit Mutters Abfahrt waren 18 Tage vergangen. Sie forderte mich auf, den erstbesten Zug zu nehmen und nachzukommen. „Fürs Reisegeld langt das, was ich dir gegeben habe“, schrieb sie.

In der Zwischenzeit hatte sich die Frontlage so zugespitzt, daß nun auch das Landratsamt evakuiert werden mußte. Einige Kollegen fuhren auf Lastwagen, auf denen wichtige Papiere wie Urkunden und Grundbücher transportiert wurden, aus der Stadt. Das Ziel war unbekannt.

Die Ereignisse überstürzten sich. Ende Oktober wurde bekanntgegeben, daß am ..., an das Datum erinnere ich mich nicht mehr, um 16 Uhr, der letzte Zug ins Reichsinnere fahren werde, danach würde der Bahnhof gesprengt. Also, rette sich, wer kann! Ich bekam ein Schreiben ausgehändigt, das mich als Lehrling des Landratsamtes Ebenrode auswies. Darin wurde jede reichsdeutsche Dienststelle aufgefordert, mir bei der Fortsetzung der Lehre behilflich zu sein.

Ein wenig kopflos packte ich meine Aktentasche. Die Schulsachen ließ ich liegen, nahm dafür die hohen Winterschuhe mit. Ich rollte die weinrote Wolldecke zusammen, die mir Mutter mitgegeben hatte, als ich zur Tante zog, denn es war schon empfindlich kalt. Die Tasche reichte nicht aus, ein Kartoffelsack wäre besser gewesen, aber den hatte ich nicht zur Hand. Das Federbett und vieles andere blieben zurück.

Bis zum Bahnhof war es ziemlich weit. Nervlich angeschlagen trottete ich durch die Stadt. Mit Erstaunen nahm ich wahr, daß doch noch etliche Zivilisten in Ebenrode waren, die sich jetzt alle in Richtung Bahnhof begaben. Sie führten vollbepackte Fahrräder, Handwagen oder Kinderwagen mit sich. Die Leute aus den umliegenden Dörfern hatten bereits einen stundenlangen Fußmarsch hinter sich. Der Bahnhof war total überfüllt, der einzige Personenwagen dritter Klasse bereits voll besetzt. In den zusammengekoppelten Viehwaggons lagen Strohschütten. „Lieber gleich einen Platz sichern", dachte ich und quetschte mich irgendwo dazwischen.

Die Abfahrt verzögerte sich. Auf dem Bahnsteig gab es Krach. Die Ordnungskräfte kontrollierten die Anzahl der Gepäckstücke. Etliches Gepäck mußte auf dem Bahnsteig zurückbleiben. Es gab Tränen deshalb. Eine Frau kämpfte noch immer um ihre Nähmaschine. Sie sei ihre Existenz, mit der Maschine verdiene sie ihren Lebensunterhalt. Die Kontrolleure kannten keine Gnade.

Ich hing meinen Gedanken nach. Was würde mich in der Fremde erwarten? Nie zuvor war ich über Gumbinnen*) und Insterburg**) hinausgekommen. Schulausflüge hatten mich nach Trakehnen, in die Rominter Heide und an den Marinowosee geführt. Und immer war ein Lehrer oder eine Arbeitsmaid in gestricktem Trachtenjäckchen dabeigewesen. Jetzt fuhr ich allein!

Das Deutsche Reich war groß. Mir fielen Orte wie Berlin, Köln und Wuppertal ein. In Wuppertal hatten wir Verwandte. Während des Krieges waren sie uns immer gleich mehrere Wochen bei uns zu Besuch. Opa mochte sie nicht. Er sagte: „Die fressen sich bei uns den Bauch voll und sparen ihre Lebensmittelmarken. Aber wenn die Kartoffel- oder Rübenernte ansteht, dann müssen sie plötzlich nach Hause."

„Wo liegt bloß das Vogtland?" überlegte ich. Mir fiel ein, daß eine Frau im Landratsamt zu Mutters Telegramm gesagt hatte: „Das liegt da, wo das Erzgebirge ist."

Die Fahrt zu beschreiben ist recht schwierig. Die Waggontüren blieben meist verschlossen. Das Gestüt Trakehnen schien bereits evakuiert zu sein. Wenn man nach draußen sehen konnte, fielen die riesigen Rinderherden auf.

*) heute Gussew und **) Tschernjachowsk in Rußland

Die Kühe brüllten, sie wollten gemolken werden. Keine Menschenseele erlöste sie. In den größeren Ortschaften sah man viel Militär auf den Straßen, aber daran waren wir ja seit Jahren gewöhnt. Dann entdeckten wir die ersten Pferdegespanne mit Flüchtlingen, oft auf Planwagen, die Schutz vor Kälte und Regen bieten sollten, zum Teil mit Teppichen und Läufern überspannt. Das sah recht elend aus.

Wir fuhren durch Gumbinnen, Allenstein*), Thorn**) und Posen***). Vor den Bahnhöfen hielt der Zug meistens mehrere Stunden, weil Militärtransporte Vorrang hatten. Auf diese Weise konnte wenigstens das leidige Toilettenproblem gelöst werden. „Ins Gebüsch!" wurde einander zugerufen, auch wenn weit und breit kein Strauch zu sehen war. Scham konnte man sich nicht leisten.

Wenn Luftkämpfe über uns tobten, hielt der Zug an einer geschützten Stelle. Ich schloß dann die Augen, wollte an etwas Schönes denken. Einmal fiel mir ein Schulausflug in die Rominter Heide ein, wohin wir mit einem feinen Bus gefahren waren. Dort liefen wir in einen riesigen Wald hinein, wo es so feierlich-still wie in einer Kirche war. Nur hoch oben sangen die Vögel. Der Lehrer erklärte, dies sei ein Naturschutzgebiet und das Jagdterrain des Herrn Reichsjägermeister, Reichsmarschall und Oberbefehlshaber der Luftwaffe Hermann Göring.

Das Beste an diesem Tag war das Picknick im Grünen. Meine Mutter hatte mir mit selbstgemachter Rauchwurst belegte Brötchen und eine Feldflasche voll Himbeersaft eingepackt. Der Saft stammte von Früchten aus unserem Garten. Den spendierte sie sonst nur, wenn Besuch kam oder sonntags. Es war ein richtiger Festschmaus ...

Jäh wurde ich aus meinen Träumen gerissen. Der Zug stand auf einem Bahnhof. Auf einigen Bahnhöfen gab es etwas Wegzehrung: Nudel- oder Erbsensuppe aus der Gulaschkanone, Brötchen mit Quark und heißen Tee. Ich hat-

*) heute Olsztyn, **) Toruń und ***) Poznań in Polen

te vergessen, ein Eßgeschirr mitzunehmen, besaß weder eine Schüssel noch einen Löffel. In dieser Situation wurde mir erstmals bewußt, was es heißt, nichts mehr zu besitzen. Ich hielt mich an die Quarkbrötchen, nahm gleich drei Stück.

Mir gegenüber saß ein alter Mann, der mich mit seinem Schnurrbart an Großvater erinnerte. Ich muß ihm wohl beim Schlürfen der Erbsensuppe ziemlich begierig zugesehen haben, denn nach einer Weile fragte er mich verständnisvoll: „Jungche, hast wohl kein Löffel?"

„Nein", gab ich zu, „vergessen, ging alles so schnell."

Nachdem er die Suppe aufgegessen hatte, wischte er den Löffel an seiner Hose ab, legte ihn in die Blechschüssel und reichte mir beides: „Hier, hol dir e Portsjon!"

Wir waren etwa sieben Tage unterwegs, als wir endlich in einen größeren Bahnhof einfuhren. Die Türen wurden geöffnet, die späte Herbstsonne begrüßte uns. Viele Menschen stiegen aus, auch ich. Ich sah mich um. Wir waren in Bautzen. Mein Gehirn begann zu arbeiten. Der Ort war vom Frontgeschehen weit genug entfernt. Was, wenn ich einfach hierbliebe?

Mir kamen Zweifel. Durfte ich den Transport, dessen Ziel ich nicht kannte, denn verlassen?

Mein Ziel jedoch war bekannt: Muldenberg im Vogtland. Kurz entschlossen nahm ich meine Tasche und die weinrote Wolldecke. Ich wollte eben zum Fahrkartenschalter gehen, als mich noch auf dem Bahnsteig jemand von der NSV (Nationalsozialistische Volkswohlfahrt) schnappte. Ich sah wohl aus wie ein umherstreunendes Kind, tagelang nicht gewaschen, ungekämmt, Strohhalme an der Kleidung. Die weinrote Decke um den Schultern tat ein Übriges.

Zusammen mit anderen Kindern sollte ich in ein Auffanglager nach Bayreuth gebracht werden. Unter Tränen protestierte ich, schließlich konnte ich das Schreiben vom Landratsamt, das Telegramm und den Brief meiner Mutter vorweisen. Man glaubte mir. Ich bekam eine Fahrkarte gelöst und die Zugverbindung notiert. Das Beste war, daß ich hier duschen durfte.

Der letzte Teil meiner Reise begann. Jetzt saß ich im Personenzug. Ich hatte einen Fensterplatz erwischt. Eine mir völlig ungewohnte Landschaft zog vor meinen Augen vorbei. Das Elbsandsteingebirge wirkte auf mich ehrfurchterregend. Solche Felsen kannte ich nur von Bildern. Ich dachte an die Alpen, aber die waren ja noch sehr weit weg.

Nachdem ich in Dresden und in Chemnitz, wo ich jeweils ziemlich starke Bombenangriffe erlebte, umgestiegen war, ging es mit einem Bummelzug in Richtung Adorf. Irgendwo hatte ich von dem „Tor zum silbernen Erzgebirge" gelesen. Ich mußte an Rübezahl, den Berggeist, denken, aber der war im Riesengebirge daheim.

Inzwischen hatte der Zug Aue hinter sich gelassen. Es war später Abend und sehr schwierig, die Stationsschilder in der Dunkelheit zu entziffern, denn die Beleuchtung auf den Bahnhöfen war nur spärlich.

„Nur nicht einschlafen!" sagte ich mir.

Irgendwann wurde die Tür des Abteils geöffnet und ein Bahnbeamter verkündete: „Bitte aussteigen, Endstation."

„Tannenbergsthal/Vogtland" stand am Bahnhofsgebäude. Wie ich von dem Eisenbahner erfuhr, waren es bis Muldenberg nur noch zwei Stationen. Es ging auf Mitternacht

Diese alte Ansicht zeigt den Bahnhof von Tannenbergsthal im Vogtland, auf dem ich nach meiner abenteuerlichen Fahrt mitternachts ankam.

zu, unmöglich konnte ich jetzt die mir fremde Strecke zu Fuß gehen. Ich bat, bis zum Morgen in dem kleinen Bahnhofsvorraum bleiben zu dürfen.

„Wo kommst du denn her?“ wurde ich gefragt.

„Ich bin Flüchtling aus Alt Kattenau in Ostpreußen und will zu meiner Familie, die jetzt in Muldenberg ist.“

Daraufhin entschied der Bahnbeamte: „Warte ein wenig, ich habe gleich Dienstschluß, dann nehme ich dich mit.“ Mich erwartete ein schönes, weiches Bett. Am Morgen lag ein Apfel auf meinem Kopfkissen, und ich wurde sogar zum Frühstück eingeladen. Wie wohltuend, diese Gastfreundschaft. Ich erzählte von der Flucht, davon, wie ich allein unter den vielen fremden Menschen unterwegs gewesen war. Aber immer habe es eine helfende Hand gegeben.

„Fahr mal nicht gleich nach Muldenberg“, meinte der Bahnbeamte, „in den letzten Tagen sind Flüchtlinge aus deiner Heimat, die vorübergehend dort waren, in unser Dorf gekommen. Sie sind im ‚Krug zum alten Forsthaus‘ untergebracht. Mein Sohn wird dich hinbringen.“

Der Sohn hieß Erhard und war etwa drei Jahre älter als ich. Als wir das Gasthaus erreicht hatten, sah ich eine Frau aus unserem Dorf auf der Treppe stehen. Ich rief, nein, ich schrie: „Frau Hundrieser, ist meine Mutter auch da?“

„Ja!“ rief die Frau laut zurück.

Ich war angekommen. Erhard war inzwischen auf dem Nachhauseweg. In der Aufregung hatte ich ganz vergessen, mich zu bedanken.

Die Einheimischen waren auf uns Flüchtlinge nicht vorbereitet. Sie betrachteten uns mit freundlich-neugieriger Distanz. Wir aus dem fernen Ostpreußen waren für sie Fremde, fast so fremd wie Russen. Anfangs fand sich nirgendwo ein Platz für uns. Gewiß, die Mehrzahl der Familien hatte selbst nur Wohnküche und Schlafstube. In Tannenbergsthal gab es ein Herrenhaus und einige Villen, in denen nur wenige Menschen wohnten. Von den Bessergestellten war jedoch niemand bereit, auch nur eine kleine Kammer ab-

Ein Vierteljahr, bis kurz vor Weihnachten 1944, campierten wir auf der Kegelbahn im „Krug zum alten Forsthaus“.

zutreten. Auch die Fremdenzimmer der drei Gasthäuser des Luftkurortes blieben für uns tabu. Feriengäste, die im Winter zum Skilaufen kamen, wurden gerne aufgenommen. An Hilfe seitens der Kirche kann ich mich nicht erinnern. Wochenlang mußten wir auf der Kegelbahn des Gasthauses campieren. Ein mit Militärplanen abgedecktes Strohlager war für vier Familien mit insgesamt 20 Personen, darunter ein Säugling und eine hochschwangere Frau, gleichzeitig Bett, Aufenthaltsraum und Ablagefläche. Für die Morgentoilette im Waschraum der Kegelbahn war ein Waschbecken für alle einfach zu wenig. Wir nutzten die Damen- und Herrentoiletten der Gaststätte mit jeweils einem weiteren Waschbecken. Weil für mich Spätankömmling in der Kegelbahn kein Platz mehr war, schlug ich mein Nachtlager allabendlich auf einer kunstlederüberzogenen Sitzbank hinter dem Kachelofen des Schankraumes auf. Meistens hatte ich Glück, und es kamen nach 22 Uhr keine Gäste mehr.

Aufgrund des Empfehlungsschreibens aus Ebenrode durfte ich im Gemeindeamt Tannenbergsthal, wo man mich freundlich aufnahm, meine Lehre fortsetzen.

Kurz vor Weihnachten 1944 konnten wir in Behelfsheime ziehen, kleine, wenig isolierte Holzhütten, die man für uns gebaut hatte, ausgestattet mit einem gemauerten Ziegelherd, einer hölzernen, aufklappbaren Eckbank, einem Tisch sowie einem Stuhl und einem Bett pro Person. Die Nationalsozialistische Frauenschaft des Ortes hatte für jede Flüchtlingsfamilie einen Adventskranz geflochten, um dem neuen Zuhause eine anheimelnde Atmosphäre zu geben, und ein paar Hausratsgegenstände gesammelt. Ein Anfang.

Die Rente meiner Mutter blieb aus, da das zuständige Versorgungsamt Insterburg unbekannten Ortes evakuiert worden war. Arbeit gab es für sie auch nicht. Die vorhandenen Arbeitsplätze reichten gerade so für die Einheimischen. Es blieben das wenige Ersparte und die Rente meiner Großeltern, die sehr gering war.

Feuerung zum Heizen mußte besorgt werden. Der Wald lag vor der Tür, doch mit den bloßen Händen allein ließ sich das nicht bewerkstelligen. Wir benötigten dringend eine Axt oder eine Säge sowie einen Handwagen oder einen Schlitten.

Meine Familie vor dem Behelfsheim, das sieben Jahre lang unsere Behausung blieb: links die Großeltern, meine Mutter und wir drei Kinder.

Nie zuvor hatten wir betteln müssen. Jetzt blieb uns nichts anderes übrig. Wir klopften bei wildfremden Menschen an und baten sie höflich, uns ein Werkzeug zu leihen. Meistens halfen sie, aber mitunter wurden wir auch abgewiesen. Die Axt sei gerade anderweitig verborgt, der Schlitten sei kaputt, lauteten die Ausreden. Mancher Einheimische verhielt sich uns gegenüber mißtrauisch. Mit den Jahren jedoch gewannen wir durch unsere fleißige Arbeit an Ansehen.

Viele Menschen halfen. Wir konnten schließlich unser Holz schlagen und Nägel in die Wände klopfen, an die wir unsere Habseligkeiten aufhängten. Ein Laken darüber ausgebreitet, und fertig war der Schrank.

Mit viel Mühe hatte Großvater es zuwege gebracht, einen Christbaumständer zu zimmern. Durch geschicktes Anordnen der Hölzer war in der Mitte eine Öffnung entstanden. Mutter und ich holten aus dem Wald ein Bäumchen. Papierketten wurden gebastelt, und so hatten wir, wie an jedem Heiligabend, auch im Jahre 1944 einen Weihnachtsbaum.

Nie war unser Beisammensein so kostbar wie in dieser Stunde. Eine Bibel besaßen wir nicht, aber Großmutter kannte die Weihnachtsgeschichte auswendig. Sie saß mit gefalteten Händen da und erzählte die Botschaft von der Geburt Christi. Wir sangen die alten Weihnachtslieder.

Auf einmal klopfte es an der Tür. Draußen stand der Sohn einer einheimischen Familie. Er wünschte gesegnete Weihnacht und fragte, ob es bei uns einen kleinen Jungen gäbe, er hätte ein Geschenk für ihn. Mein Bruder war gerade fünf Jahre alt, und die Überraschung machte nicht nur ihn glücklich. Bald lernten wir auch die Eltern und die Großmutter des Jungen kennen. Sie halfen uns, wo sie konnten. Ihre christliche Nächstenliebe brachte Zuversicht in unser Dasein. Noch heute sind wir dieser Familie freundschaftlich verbunden.

Aus: „Wir sollten Helden sein", Reihe ZEITGUT, Bd. 12.

[Memel, Ostpreußen*);
30. Juli 1944]

Edith Elster von Eschelbach

Abschied von Memel

Keiner ahnt, daß wir unser bisher so friedliches Ostpreußen eines Tages werden verlassen müssen. Wohl rechnen wir mit einer Bombardierung der Städte durch feindliche Flieger, deshalb kam vor kurzem die Aufforderung, Kinder sowie Hab und Gut aufs Land in Sicherheit zu bringen. Auch unsere Familie hat manches aus der Stadt fortgebracht, nach Grabsten, wo wir unsere Habseligkeiten sicherer wähnten. Auf eine vollständige Räumung Memels aber ist niemand vorbereitet, auch die höheren Stellen nicht.

Seit drei Tagen ist Memel von den Russen eingeschlossen, alle Verkehrsverbindungen über Land sind unterbrochen. Nur der Fluchtweg über die Ostsee ist noch offen.

Wir sind wie vom Blitz getroffen, als es am Nachmittag des 30. Juli plötzlich heißt: „Begeben Sie sich zwecks Evakuierung bitte umgehend zum Hafen, und nehmen Sie nur Handgepäck mit. Hier ist Ihr Evakuierungsschein. Sie fahren mit dem und dem Schiff."

Im ersten Moment stehen wir unter Schock, unfähig zu denken und zu handeln. Ich kann nicht sagen, wie lange diese Lähmung bei mir anhielt. Als ich das Donnern der Geschütze von der Front wahrnehme und mir bewußt wird, in welcher Gefahr wir uns befinden, werde ich hellwach. Wir müssen packen! Doch was? Alles scheint wichtig, aber

*) heute Klaipeda in Litauen

es heißt doch, daß nur Handgepäck erlaubt sei. Trotzdem packe ich in der kurzen Zeit, die mir bleibt, was ich greifen kann. Vielleicht gelingt es mir, ein, zwei Gepäckstücke zusätzlich an Bord schmuggeln? Versuchen will ich es.

In der Stadt wird es nach der kurzen, lähmenden Stille hektisch lebendig. Alles, was Beine hat, ist im Aufbruch: Endlose Kolonnen Vieh werden durch die Straßen zu den Fähren getrieben, um sie zur Kurischen Nehrung überzusetzen. Dazwischen hasten die Menschen, beladen mit ihrer armseligen Habe, hin zum Hafen. Nur rechtzeitig dort sein, nicht hierbleiben müssen! Die Angst treibt alle an.

Die meisten der in kürzester Zeit herdirigierten Schiffe sind Kriegsschiffe. Schon am Kai greifen zahlreiche helfende Soldatenhände zu. Schiffsbesatzungen geleiten Mütter und Kinder an Bord, stützen alte Menschen, treiben Zögernde und Ängstliche an: „Beeilt euch, Leute, geht weiter! Macht Platz für die Nachfolgenden! Laßt euer Gepäck los, es verstopft nur die Durchgänge! Wir verstauen es, macht euch keine Sorgen, später bekommt ihr alles zurück!“

Und wieder werden 3000 bis 4000 Menschen in einen Schiffsleib hineingestopft, schnell die Anker gelichtet und die Taue gelöst. Und schon verläßt das Schiff den Hafen. Um 19 Uhr gehen auch wir an Bord, allerdings nur Mutti und ich. Gisela, meine jüngste Schwester, ist zu unserer älteren Schwester Charlotte nach Mielau in Polen gefahren, einem ungewissen Schicksal entgegen. Von Vati müssen wir uns verabschieden, denn alle Männer, alte und junge, darunter halbe Kinder, müssen zur Verteidigung der Stadt in Memel zurückbleiben. Zum Nachdenken bleibt keine Zeit. Willenlos fügen wir uns den Anordnungen. Auf dem Schiff, so glauben wir, werden wir in Sicherheit sein. Wie trügerisch!

Viele Männer begleiten ihre Angehörigen, ihre Frauen und Kinder bis zu den Schiffen. Spätestens hier kommt unerbittlich der Abschied, für Tausende vielleicht für immer. Für große Abschiedsszenen bleibt keine Zeit. Das

Historische Ansicht der Hafens von Memel, Dangefluß und Börse.

Schreien und Klagen setzt erst richtig ein, als alle oben an der Reling stehen, endgültig getrennt von ihren Lieben.

Um 23 Uhr ist es dann soweit! Die schweren Schiffstaue werden gelöst, und allmählich wächst der Abstand zwischen unserer schwimmenden Insel und dem Kai. Zurück bleibt ein wogendes Menschenmeer. Tausende winkende Hände, Worte der Aufmunterung dringen zu uns herauf, Grüße und gute Wünsche werden uns zugerufen, wie ein Echo klingen sie von Bord zurück. Die Blicke hüben und drüben bohren sich in die Dunkelheit, doch bald sind die Gesichter der Zurückgebliebenen nicht mehr zu erkennen.

Schwarz und spiegelblank ist das Wasser im Kurischen Haff, durch das unser Schiff ruhig dahingleitet. Wir haben inzwischen die Molen passiert und sind auf offener See. Dunkel hebt sich die vertraute Silhouette von Memel gegen den sternenklaren Nachthimmel ab.

Lebe wohl, geliebte Heimat, lebe wohl, Kurisches Haff! Lebt wohl, ihr glücklichen, unbeschwerten Jugendjahre! Werden wir unsere Heimatstadt, werden wir Vati und Gisela jemals wiedersehen?

Aus: „Täglich Krieg", Reihe ZEITGUT, Bd. 9.

[Preußisch-Wilten – Pillau, Ostpreußen*) – Oliva, Hinterpommern**) – Danzig – Halbinsel Hela – Ueckermünde – Eberswalde; Januar – April 1945]

Herta Balduhn

Der Tod wollte uns nicht

Hertha Balduhn lebte in Preußisch-Wilten, einem Dorf zwischen Domnau und Friedland, in Ostpreußen. Ihr Mann war zum Ende des Krieges Soldat. Sie war zu dieser Zeit 32 Jahre und ihre drei Buben vier, neun und 12 Jahre alt. In dem folgenden Brief aus Eberswalde bei Berlin, datiert vom 1. Dezember 1945, berichtet sie ihrer Schwester Edith Elster von Eschelbach über ihre Flucht aus der Heimat:

„Liebe Schwester,
jetzt will ich Dir von unserem Weggang berichten. Am 23. Januar 1945 zog der Gutstreck von Gottberg los. Ich blieb noch. Ich wollte die Wohnung doch nicht im Stich lassen! In Friedland***), (etwa 50 Kilometer südöstlich von Königsberg) wurde schon gekämpft, ab 25. Januar in den umliegenden Dörfern. Die Kinder und das Kindermädchen wohnten ab 28. Januar in Koskeim in der Wohnung von Oberstleutnant Brach.

Erst waren außer mir nur ein paar Soldaten und Polen, die Panzergräben zogen, im Haus. Dann wurde hier der Panzerdivisions-Gefechtsstand eingerichtet, später der Artillerie-Gefechtsstand. Drei Generalstäbe lagen im Gut. Und wie sah es bei uns aus! Die Türen waren zum Teil ausgehängt worden, jeder konnte ungeniert ein- und ausgehen. Vor meinen Augen und Ohren spielte sich der gan-

*) heute Baltisk und **) heute Oliwa in Polen ***) Prawdinsk in Rußland

ze Auf- und Abmarsch ab. Seit dem 25. Januar verlief bei uns die Hauptkampflinie. Abends saß ich mit den Offizieren nett zusammen. Wir redeten, es wurde gut gegessen und viel getrunken. Uns war klar, jeder Augenblick konnte der letzte für uns sein. Draußen war nur noch Getöse.

Nachts fuhren wir nach Koskeim. Ich schlief dort. Die Offiziere besprachen beim Oberstleutnant die Lage. Die Städte und Dörfer der Umgebung brannten bereits. Friedland, Domnau*) – ein Feuermeer! Telefondrähte hingen von den Masten herab. Die Gebäude waren leer, nirgendwo war ein Zivilist zu sehen. Tote Soldaten lagen in den Straßengräben. Nur das Vieh von Gottberg irrte noch umher, während ringsum die feindliche Artillerie aufblitzte.

Ich war in jenen Tagen innerlich erstarrt, konnte weder denken noch fühlen. Es trieb mich dennoch immer wieder nach draußen. Ich brachte zu Fuß oder im Auto soviel Gepäck wie möglich nach Koskeim.

Am Abend des 3. Februar zog sich die Artillerie aus Deutsch Wilten**) gleich bis Saussienen zurück. Die Russen hatten Deutsch Wilten eingenommen. Sie waren, von Georgenau kommend, in den Wald eingedrungen.

Am nächsten Morgen wurde die Munitionsanstalt (Muna) gesprengt. Die Bewohner der Umgebung waren bereits am 20. Januar alle weggegangen, nur Oberstleutnant Brach, drei weitere Offiziere, vier Feuerwerker und wir waren noch hiergeblieben. Jetzt nichts wie rauf auf den letzten LKW! Bei Marquards warteten wir auf Brach und die Feuerwerker. Die Feuerwerker kamen, nachdem sie die Sprengung der Muna beendet hatten. Brach hatte es vorgezogen, sich das Leben zu nehmen. Er hatte wohl die Nerven verloren und geglaubt, wir kämen nie aus dem Kessel heraus.

Nach vielem Hin und Her erreichten wir schließlich Preußisch Eylau***), aber wir kamen nur von einem Kessel in den anderen. Unter heftigstem Beschuß der Artillerie und

*) heute Domnowo, **) Jermakowo und ***) Bagrationowsk in Rußland

Flüchtlinge in Ostpreußen 1945, schutzlos der Kälte ausgeliefert.

von Bordwaffen gelangten wir bis zum Haff. Hier mußten wir uns trennen.

Eine schreckliche Irrfahrt begann. Tagelang ging es über das morsche, brüchige Eis. Das Gepäck mußten wir zurücklassen. Außer Eiswasser bekamen wir nichts in den Magen. Und Leichen, überall – auf dem Eis, in den Dünen, im Wald, in einer verlassenen Jugendherberge – erfrorene, verhungerte Menschen!

Stumpf und träge trotteten wir dahin.

Auf der Nehrung angelangt, verbrachten wir mehrere Nächte mit Franzosen an einem Lagerfeuer. Es war kalt, und es hatte stark geregnet. Die Franzosen gaben uns zum Schlafen ihre Mäntel und trockneten unsere nassen Schuhe und Strümpfe am Feuer. Dann wurden wir mit LKWs nach Pillau zurückgebracht. Da waren wir aber schon 100 Kilometer zu Fuß gelaufen.

Von Pillau aus gelangten wir mit dem Schiff nach Neufahrwasser und dann nach Oliva in Hinterpommern. Einzelheiten der Flucht sind kaum zu schildern. In Oliva lebten wir vom 19. Februar bis zum 20. März. Unser Kindermädchen fand dort ihre Angehörigen und verließ uns.

Der Kessel um Danzig*) wurde enger und enger. Gegen das, was wir jetzt erlebten, war die Flucht aus Ostpreußen fast ein Spaziergang. Die Soldaten sagten, daß die Russen schon in der Stadt seien. Panzer brachten uns unter heftigem Beschuß russischer Panzerabwehrkanonen aus Oliva hinaus. Auf dem Bauch waren wir zu den Fahrzeugen gekrochen, unweit von uns fanden bereits Straßenkämpfe statt. Die Stadt brannte und auch das Haus, in dem wir Unterkunft gefunden hatten.

Wir kamen vier Kilometer weiter, bis Langfuhr**). Überall waren die Leute schon längst geflüchtet. Da die Kinder Ruhr hatten, kam ich nicht weg. Wir blieben drei Tage in Langfuhr. Die Panzersoldaten, die versprochen hatten, uns mitzunehmen, waren ohne uns losgefahren, weil die Russen schon da waren. Bei ohrenbetäubendem Lärm suchte ich zwischen zusammengefallenen Häusern und Panzerabwehrkanonen verzweifelt nach einem Fahrzeug. Die Fahrer von Nebelwerfern, die im Aufbruch waren, wollten uns schließlich mitnehmen. Ich eilte zurück in den Keller. Die Kinder brüllten, sie hatten Angst, das Haus zu verlassen. Ich nahm sie fest an die Hand, zerrte sie hoch, und wir rannten los. Da sahen wir schon die ersten Russen. Und alles, alles brannte!

Große Aufregung unter den Soldaten. Auch wir mußten jetzt Stahlhelme aufsetzen, weil in nächster Nähe dauernd Granaten einschlugen. In der Stadt tobten heftige Straßenkämpfe. Die durch Beschuß und Brände herabfallende Trümmer versperrten die Straßen. Wir waren mit einer dicken Rußschicht bedeckt. Die ganze Nacht hindurch fuhren wir kreuz und quer durch die Gegend. Schließlich fanden wir doch noch einen Weg nach Heubude***). Der einst so entzückende Ort war ein qualmender Trümmerhaufen. Wir mußten von den Fahrzeugen herunter. Auf einer Protze****) fuhren wir weiter bis zur Westerplatte. Dort wa-

*) heute Gdańsk, **) Gdańsk-Wrzeszcz und ***) Gdańsk-Stogi in Polen
** **) Vorderwagen von Geschützen

ren überall in den Dünen Feuerstellungen der schweren Artillerie und riesige Eisenbahngeschütze eingebaut.

Die Westerplatte ist eine unbewohnte, häßliche Gegend. Nur Sand, Sand und abermals Sand. Der Kampf war in vollem Gange. Die beiden Soldaten, die uns mitgenommen hatten, fuhren zurück zu ihrer Einheit. Sie hatten unterwegs kaum gesprochen. Am Tag darauf sind sie gefallen.

Zwei Tage und zwei Nächte saßen wir in den Sandlöchern und wagten uns nicht hoch. Außer mir waren drei weitere Frauen dabei. Unsere Bedürfnisse verrichteten wir in einer Ecke. Wolfhard trafen Granatsplitter ins Gesicht, und er brach sich den Arm. Ich verband Schwerverletzte. Vor unseren Augen kamen viele, viele Soldaten um.

In den Feuerpausen spielte ein Grammophon, die Soldaten tranken und sangen. Dann flogen erneut Granatsplitter. Wieder ein Toter. Alle riefen durcheinander: „Wer bringt ihn hinaus und begräbt ihn?“ Es war wie im Irrenhaus, sie tranken und sangen weiter.

Fünf Soldaten wollten sich mit einem Boot über die Ostsee absetzen. Sie erklärten sich sogar bereit, uns mitzunehmen, aber wir wagten uns nicht hinaus in den Geschützhagel. Doch dann, in einer Feuerpause von etwa fünf Minuten, kam der Kommandeur der Einheit auf uns zu und befahl: „Alles fertigmachen, die Russen sind da!“

Die Soldaten und die anderen Frauen rannten zu den Geschützen. Die Frauen kauerten sich zwischen die Waffenteile. Mich und die Kinder wollten sie nicht mitnehmen. Ich war wahnsinnig vor Wut und Angst! Sollte ich etwa allein in dem Sandloch die Russen erwarten? Auf Knien lag ich vor diesen Unmenschen, weinte, schrie und bettelte, daß sie uns mitnahmen.

Ein älterer Soldat sagte zu mir, ein mit Pferden bespannter Munitionswagen sei noch da, den ich durch die Dünen fahren könne. Was blieb mir anderes übrig?

Mitten in der Nacht lenkte ich den Wagen durch feindliches Feuer. Die Pferde rasten. Ein Stück ging es durch einen dunklen Wald, der Wagen holperte über Baumwurzeln.

Waren das Augenblicke! Wir saßen wahrhaftig auf einem Pulverfaß! Die Kinder hoch oben, mit einer Plane bedeckt. Am Strand angekommen, waren wir aus der direkten Feuerlinie heraus. Nach einer Stunde fand ich die Einheit am vereinbarten Platz. Ich kam mir wie ein altgedienter Soldat vor.

Und weiter ging es, ständig in der Hauptkampflinie. Überall blieben wir nur drei bis vier Tage. Die Ortschaften waren zum Teil zerstört, die Menschen bereits geflohen. Immer wieder mußten wir uns mit Soldaten in Erdlöcher dukken, in Laufgräben und dünne Bunker flüchten. Mal vor, mal zurück. Bei Flak-Einheiten, bei Panzersoldaten, bei der Infanterie. All das spielte sich in der Weichselniederung ab. Tausende und Abertausende Fahrzeuge aller Art, Panzerkolosse und Raupenschlepper, standen auf Straßen und Äckern herum. Kein Benzin mehr, keine Waffen, keine Munition. Den Motor zerstört und stehengelassen. Nein, dieses Bild werde ich niemals vergessen!

An Bäumen hingen deutsche Soldaten mit Schildern um den Hals: „Ich war feige“ oder „Ich bin ein Deserteur“.

Das Heerlager war auf engstem Raum zusammengedrängt. Der Kessel maß zum Schluß nur noch zehn Quadratkilometer. Von allen Seiten drängten die Russen nach. Es war so hoffnungslos. Ich glaubte nicht mehr an ein Überleben.

In dieser Situation nahm sich ein Major mit Ritterkreuz und Eichenlaub unserer an. Er war Divisionskommandeur und im Zivilberuf Lehrer. Durch seine Vermittlung konnte ich trotz Not und Tod ringsumher mit den Kindern noch ein paar ruhige Tage verbringen.

Der Major brachte uns persönlich mit dem Boot auf die Halbinsel Hela und dort auf ein Schiff in Richtung Osten, nach Swinemünde*). Unter heftigem Beschuß wurden wir auf See von einem Prahm**) hochgezerrt. Unser Schiff war

*) heute Świnoujście in Polen **) Flacher Lastkahn für Arbeitszwecke

stark bewaffnet. Die Flak schoß und schoß, daß ich dachte, mein Trommelfell geht kaputt!

Auf diesem Schiff waren etwa 7000 Menschen zusammengepfercht. Es war grauenvoll!

Nichts zu essen und nur zwei Klos für alle. Ich hatte Schlaftabletten dabei, davon nahmen wir ab und zu welche ein, damit die Zeit für uns schneller verging. Wir lagen ohne Zudecken auf dem harten Boden. Da hatten wir auch schon Kleiderläuse, und die Kinder die Krätze. Wir waren zehn Tage unterwegs, zwei wären für diese Strecke normal gewesen.

In Swinemünde wurden wir umgeschifft. Unser Ziel war Ueckermünde. Hier herrschten Ruhe und Frieden. Wir 300 Flüchtlinge wurden in einer kalten Kirche untergebracht. Wir saßen in den Bänken und starrten uns stumm an. Man gab uns Roggenmehlbrühe zu essen. Wir bekamen die Ruhr, aber die Läuse wurden wir los. Nachts mußten wir auf den harten Bänken liegen. Wolfhard fiel dauernd herunter, ich mußte mich neben ihn setzen und ihn festhalten. An Schlaf war nicht zu denken.

Ich hielt es vier Tage in der Kirche aus. Dann zog ich auf eigene Faust los. Ich wollte zu Charlotte (der Schwester) ins Vogtland. Der Zug fuhr jedoch nur bis Eberswalde, also blieben wir hier. Nach vier Tagen kamen die Russen.

Endlos könnte ich über meine Erlebnisse berichten. Wir haben furchtbare Dinge gesehen, die man kaum beschreiben kann. Wochenlang befanden wir uns in ständiger Lebensgefahr. Aber der Tod wollte uns nicht.

Liebe Edith, schreibe bald wieder und versuche bitte, uns in Eßlingen eine Unterkunft zu beschaffen!

Viele, viele herzliche Grüße
Deine Herta, Dietrich, Reinhard und Wolfhard“

Aus: „Täglich Krieg“, Reihe ZEITGUT, Bd. 9.

[Preußisch Eylau*), Ostpreußen – Danzig**) –
Halbinsel Hela – Kopenhagen;
Januar – Mai 1945]

Eleonore Naujoks

Ich wollte nicht aufgeben

Es war im Januar 1945, als wir, meine Kolleginnen und Kollegen des Landratsamtes Preußisch Eylau und andere freiwillige Helfer, den aus dem Osten kommenden Flüchtlingstreck mit Nahrung versorgten. Nach jedem Fliegerangriff lief ich eilig nach Hause, um nachzusehen, ob meine Familie noch am Leben war. Als viele schon flüchteten – die Russen waren noch etwa 50 Kilometer von der Stadt entfernt – blieb auch ich bei meiner Familie, den Eltern, Großeltern und meinen drei jüngeren Geschwistern.

Unser Nachbar, Herr Poerschke, verteidigte mit seiner Truppe unsere Stadt. Am 3. Februar holte er vom Heeresverpflegungsamt Munition und Verpflegung für seine Soldaten und kam auf dem Rückweg zu uns, um sich den Schlüssel zu seiner Wohnung geben zu lassen. Er wollte für seine Familie, die bereits einige Kilometer entfernt in Sicherheit war, noch Winterbekleidung einpacken. Als er mich sah, drängte er, ich solle doch mit ihm gehen, dann hätten seine Frau und die beiden Kinder unterwegs Unterstützung, und ich würde den Russen nicht in die Hände fallen.

Es ging alles sehr schnell. Eine halbe Stunde später saß ich auf einem Pferdewagen. Wir fuhren durch verlassene Dörfer, vorbei an toten Menschen und verendeten Tieren. Die Soldaten scherzten, ich brauche den Kugelhagel nicht

*) heute Bagrationowsk in Rußland **) heute Gdańsk in Polen

zu fürchten. Da ich auf dem Munitionswagen sitze, würde ich nichts merken.

Endlich kamen wir unbeschadet im Quartier an. Ich traf Frau Poerschke und die beiden Kinder, den sieben Jahre alten Dieter und den viereinhalb Jahre jüngeren Manfred. Wir fuhren gemeinsam mit der Truppe weiter durch verlassene Dörfer und brennende Städte, übernachteten in Ställen auf Stroh oder in verlassenen Wohnungen. Die Pferde mußten auch einmal ausruhen. Wir alle bekamen Essen aus der Gulaschkanone.

Nach gut 14 Tagen konnten wir nicht mehr bei den Soldaten bleiben. Herr Poerschke sorgte dafür, daß wir von Heiligenbeil*) aus mit dem Flüchtlingstreck weiterbefördert wurden. Bei minus 28 Grad Celsius ging es in Richtung Frisches Haff und schließlich über das Eis. Kein schützendes Haus, kein Baum, kein Strauch – nur Eis!

Und dann kamen die russischen Flugzeuge. Manchmal flogen sie so tief, daß man den Sowjetstern und die Gesichter der Piloten erkennen konnte. Ich flüchtete mich jedesmal unter den Pferdewagen, bis sie ihre Bordwaffen leergeschossen hatten. Die Schreie der Menschen und Pferde, die getroffen wurden, übertönten noch die Maschinengewehrsalven. Um die Toten und Verwundeten konnte sich niemand kümmern. Bei den nächtlichen Angriffen war das Eis durch brennende „Tannenbäume“ hell erleuchtet. Bei dem Chaos gingen viele Pferde mit Menschen und Wagen durch und versanken in der Tiefe des Haffs.

Endlich war Land in Sicht! Waren es 40 km oder mehr, die wir zurückgelegt hatten?

Ich wußte es nicht. Aber wie sollte es weitergehen?

Die beiden Jungen hatten alles gut überstanden. Viele Babies und Kleinkinder waren unterwegs auf dem Eis den Kältetod gestorben. Sie konnten nicht einmal beerdigt werden, weil der Boden tief gefroren war. Sie wurden einfach unter einen Baum gelegt. Irgendwoher organisierte ich ei-

*) heute Mamonowo in Rußland

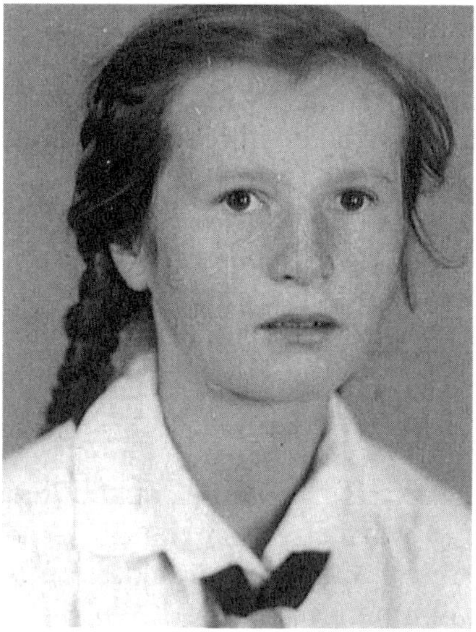

Das ist das einzige Foto, das mir nach meiner Flucht aus Preußisch Eylau, Ostpreußen, verblieb. Es zeigt mich als Zwölfjährige.

nen Schlitten für unser Gepäck. Frau Poerschke versuchte, ein Auto anzuhalten. Aber niemand nahm uns mit. Aus Verzweiflung stellte sie sich mitten auf die Straße. Jetzt hatten wir Glück. Ein Auto brachte uns in ein riesiges Lager nach Stutthof*) in Westpreußen. Hier bekamen wir nach zwei Tagen die erste warme Suppe und etwas Tee. Wir schliefen in einer Baracke auf Stroh.

Am nächsten Tag zogen wir weiter. Mit einer Fähre ging es über die Weichsel nach Danzig. Wir bekamen ein Quartier in Danzig-Emmaus zugewiesen. Als erstes machte die Wirtin für uns heißes Wasser, wir hatten uns zwei Wochen lang nicht waschen können. Zusammen mit den Kindern schliefen wir sogar in einem Ehebett. Gegen Mitternacht war es leider mit dem Schlaf vorbei: Mäuse suchten uns auf. Doch die Hauptsache war, daß die Kinder etwas Ruhe fanden.

Zum Essen und Kaffeetrinken fuhren wir nach Danzig. Hier trafen wir unsere Nachbarin, Frau Durchholz, und

*) heute Sztutowo in Polen

berichteten von unserer Misere. Sie gab uns eine Adresse am Hauptbahnhof neben dem Hotel Mampe, dort fanden wir im dritten Stock ein langes, schmales Zimmer mit zwei Betten. Frau Poerschke und ich schliefen mit je einem Kind. Und hier feierte ich auch meinen 16. Geburtstag.

Jeden Tag war ich unterwegs, um nach Nahrungsmitteln anzustehen und mich nach Zügen, die ins „Reich" fuhren, zu erkundigen. Letzteres leider erfolglos.

Wir waren nun schon vier Wochen in Danzig und waren etwas zur Ruhe gekommen. Eines Abends sahen wir dem Schauspiel der Scheinwerfer über dem Bahnhof zu, in denen sich ein Flugzeug befand. Plötzlich begann eine Schießerei, und ohne Vorwarnung stürzte sich eine ganze Flugzeugstaffel auf die Stadt und warf ihre Bomben ab. Eine Bombe fiel in den Hof des Hotels Mampe. Durch den Luftdruck wurden wir durch das Zimmer geschleudert. Wir rannten in den Keller, das Gemäuer schwankte bedenklich. Das war der erste Luftangriff, den wir in Danzig miterlebten.

Am nächsten Tag machte ich einen Bunker ausfindig, denn wir wollten aus der Nähe des Bahnhofs weg. Unter-

Ansicht von Danzig in den dreißiger Jahren.

wegs bekam ich ein Stück zartes Pferdefleisch ab, es lagen ja genug tote Pferde herum. Wir legten es in Essig ein und wollten uns ein richtiges Mittagsmahl zubereiten. Daraus wurde aber leider nichts, denn es gab Alarm. Wieder rannten wir in den Keller. Ich wollte schnell noch Brot aus der Küche holen und war schon im Flur, als mich Frau Poerschke zurückholte. In diesem Moment schlug ganz nah eine Bombe ein, und wir wurden unter der herabstürzenden Decke des Treppenhauses verschüttet. Zum Glück wurden wir gleich von einem schutzsuchenden Soldaten und dem Luftschutzwart befreit. Der in unserer Nähe liegende Bunker hatte einen Volltreffer bekommen, niemand hätte überlebt, hieß es.

Der nächste Bunker war so überfüllt, daß die Leute keinen Sauerstoff mehr zum Atmen hatten. Sie fielen um wie die Fliegen. Bevor es erneut Alarm gab, hatten wir doch noch einen Bunker gefunden. Die russischen Panzer standen kurz vor Danzig, das hörten wir an den Einschlägen. Allmählich schwand unsere Hoffnung, der brennenden Stadt entfliehen zu können. Aber ich wollte nicht aufgeben. Frau Poerschke mit den Kindern im Bunker zurücklassend, lief ich hinaus auf die Straße und schaute mich um, wußte aber nicht, wonach ich eigentlich suchte. In der Nähe entdeckte ich einen Unterstand, der beschossen wurde. Ein General und seine Offiziere beugten sich gerade über eine große Landkarte. Ich stürzte auf sie zu und flehte sie an, uns zu helfen. Bei mir sei eine Frau mit zwei Kindern, wir wollten den Russen nicht in die Hände fallen! Ich weiß nicht mehr, was ich noch sagte.

Der General befahl tatsächlich seinem Adjutanten, uns mit dem Auto aus Danzig herauszubringen. War ich erleichtert! Durch die Standarte am Auto des Generals wurden wir von den Wehrmachtskontrollen nicht am Weiterfahren gehindert, aber ein russischer Flieger hatte uns entdeckt und beschoß uns mit Bordwaffen. Unser Gepäck verdeckte die Heckscheibe, nur ein Granatsplitter traf Dieters Schuh. Der Fahrer nahm Kurs auf eine nahe, aber schon brennende Brücke über einen Weichselarm. Wir hatten Glück und kamen gerade noch hinüber, bevor die Brücke hinter uns einstürzte. Voller Dankbarkeit dachte ich in diesem Augenblick an den General. Wir fuhren in Richtung Heubude – Bohnsack. Hier kamen wir am 29. März 1945 an. Der Fahrer verabschiedete sich von uns.

Die Danziger Bucht war voller Geschütze, die ihre Granaten gleichzeitig aus vier Rohren abfeuerten, was einen ohrenbetäubenden Lärm verursachte. Aber so standen wir wenigstens im Schutz der Soldaten. Die Menschen warteten an den Landestegen auf Rettung. Gerade machten Boote fest, die Verpflegung und Wäsche für die verwundeten Soldaten auf der Halbinsel Hela laden wollten. Es wurden Freiwillige gesucht, die halfen. Ich meldete mich. Frau Poerschke und die Kinder blieben solange am Ufer stehen. Wir Helfer bildeten eine Kette, reichten die Sachen weiter, bis alles in den Booten verstaut war. Als Lohn durfte jeder, der geholfen hatte, seine Angehörigen mit an Deck holen. Alle anderen Flüchtlinge blieben zurück. Vom Boot aus warfen wir einen letzten Blick auf das brennende Danzig.

Wir nahmen Kurs auf die Halbinsel Hela. Als wir ankamen, war Nacht. Wir brauchten die Boote nicht zu entladen, sondern konnten uns gleich eine Bleibe suchen. Links und rechts der Straße lagen Fischerhütten, klein und gedrungen, bei denen man von der Haustür aus gleich in die Küche kam. Wir steuerten das erstbeste Haus an, darin saß ein Mann bei Kerzenschein. Er stellte uns ein Bett zur Verfügung, seine Frau war gestorben. Zu viert konnten wir uns gegenseitig wärmen. Der Mann erbot sich, uns am nächsten Tag mit seinem Fischkutter nach Dänemark zu bringen. Das lehnten wir aber dankend ab, es schien uns zu gefährlich.

Als ich am nächsten Morgen in einer Schüssel Wasser holen wollte, war diese so zerlöchert, daß alles auslief und ich ohne Wasser ankam. Wieder ging ich auf Entdeckung und lief zum Kai. Wie könnten wir bloß von hier weiterkommen? Ich erfuhr, daß die „Deutschland“ auf Reede lag und noch Flüchtlinge an Bord nehmen würde. Ich rannte zurück, holte Frau Poerschke und die Kinder. In einem Schlauchboot wurden wir zur Reede übergesetzt. Matrosen halfen uns, über eine schwankende Leiter hinauf, zum Schiff zu gelangen. Wir wurden in eine Kajüte eingewiesen, die wir mit vielen Kakerlaken teilten. Wohin wir gebracht werden sollten, wußten wir nicht. Unterwegs inspizierte ich die Decks und war furchtbar entsetzt, als ich die vielen Verwundeten sah. Sie stöhnten, es stank nach Eiter und Blut. Wir hatten das Lazarettschiff „Pretoria" und Minensuchboote im Geleit. Trotzdem ging nicht alles glimpflich ab. Mitten auf See wurden wir von Fliegern angegriffen, unser Bordschütze mußte sein Leben lassen. Als die Maschinen plötzlich stehenblieben, erfaßte uns Angst. Aber bald hörten wir wieder das vertraute Geräusch. Der Schlaf verlangte auch nach seinem Recht.

Als ich aufwachte, war es um uns unheimlich still. Es war noch sehr früh am Morgen des 2. April 1945. Wo waren wir?

Ein Matrose sagte, wir seien gerade in Kopenhagen eingelaufen. Die Sonne schien. Und es gab hier keinen Fliegeralarm. Dann kam Leben auf. Busse brachten uns in verschiedene Richtungen. Unser Bus hielt vor der Hans-Tavsensgades-Schule. In einem Klassenraum, etwa 25 Quadratmeter groß, wurden vierzehn Personen untergebracht. Wir hatten ja unsere Decken mit. Das Stroh bekamen wir geliefert, und so konnte sich jeder ein Lager auf dem Fußboden zurechtmachen. Wir schliefen in einer Ecke des Podestes. Jede Familie hatte eine Schulbank als Eßtisch.

Unser Lagerleben begann. Rundfunk und Zeitungen gab es nicht. Essen wurde uns zugeteilt. Pro Tag erhielt jeder eine dicke Scheibe Brot, dazu gummiartigen Käse, rosa Wurst, etwas Rohzucker und mittags eine Schüssel Haferflocken, Grütze, Karotten oder Kohl mit viel Öl. Wir durften nur auf dem Schulhof und im Schulgarten umherlaufen. Wir hatten also viel Zeit, um uns kennenzulernen. Ein deutscher Lagerleiter war für uns verantwortlich.

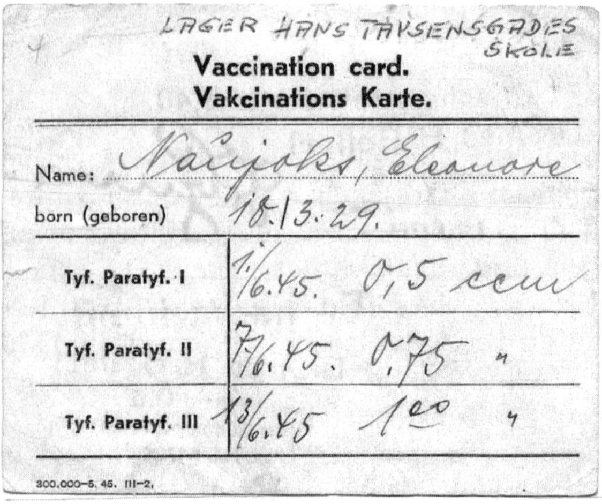

LAGER HANS TAVSENSGADES SKOLE

Vaccination card.
Vakcinations Karte.

Name: Naujoks, Eleonore
born (geboren) 18/3.29.

Tyf. Paratyf. I	1/6.45. 0,5 ccm
Tyf. Paratyf. II	7/6.45. 0,75 "
Tyf. Paratyf. III	13/6.45 1,00 "

300.000–5. 45. III–2.

Impfungen gegen Typhus, Paratyphus und Diphterie gehörten zu den ersten Maßnahmen im dänischen Flüchtlingslager.

Fünf Wochen waren vergangen, als wir am 8. Mai 1945 alle zusammengerufen wurden. Wir erfuhren, daß Deutschland kapituliert hatte. Was würde das für uns bedeuten?

Schon bald sollten wir es erfahren. Jetzt bekamen wir noch einen dänischen Lagerleiter und wurden von Freiheitskämpfern mit Karabinern bewacht. Da wir im tiefsten Winter geflüchtet waren, hatten wir nun, da es wärmer wurde, nur dicke Sachen zum Anziehen. So trennten wir unsere Pullover auf und häkelten sie weitmaschig neu. Aus einem Viereckrtuch wurden zwei Dreiecktücher, die Frau Poerschke und ich als Oberteil trugen. Einige Leute nähten aus Bettlaken Röcke oder aus Windeln Blusen.

Eines Tages hatten wir hohen Besuch im Lager. Der Schriftsteller Martin Andersen Nexö war zu uns gekommen. Er nahm Anteil am Schicksal der Frauen, die ihre Kinder auf der Flucht verloren hatten, und sprach ihnen Trost zu. Dann berichtete er, wie es in Deutschland aussähe. Wir stellten ihm viele Fragen zum Thema Heimkehr. Wann sie sein würde, darauf wußte auch er keine Antwort.

Aus: „Wir sollten Helden sein“, Reihe ZEITGUT, Bd. 12.

[Preußisch Eylau – Königsberg*) – Pasewalk, Mecklenburg-Vorpommern – Koserow, Usedom – Falkensee bei Berlin;
Dezember 1946–Weihnachten 1947]

Helga Naujoks

„Dai kusotschka chleba!“

Unsere Mutter war kurz nach dem Einmarsch der Roten Armee am 9. Februar 1945 in Preußisch Eylau von einer sowjetischen Militärstreife verhaftet und – wie wir erst später erfuhren – nach Sibirien deportiert worden. Im August 1945 war unser Vater aus Gram darüber gestorben. Kurz darauf starben auch unsere Großeltern. Nach ihrem Tod lebten wir drei Geschwister allein. Ob unsere große Schwester Eleonore noch lebte, wußten wir nicht. Mit meinen 14 Jahren fühlte ich mich für meine beiden jüngeren Geschwister Marga, zwölf, und Bernhard, zehn Jahre alt, verantwortlich.

Als die ersten russischen Familien nach Preußisch Eylau kamen, nahmen sie von allem Besitz. Aus den Wohnungen, in denen wir Unterschlupf gefunden hatten, wurden wir vertrieben. Für uns, die letzten Deutschen hier, blieben nur noch die Ruinen. Es herrschte Hungersnot, selbst die Russen hatten kaum etwas zu essen. Im Magazin erhielten sie ihre Rationen, sorgfältig auf einer deutschen Waage ausgewogen. Eine Schnitte wurde in vier Stückchen geteilt und oben auf die Ration gelegt. Deutsche hatten dort keinen Zutritt. Wenn die Russen herauskamen, streckten sich ihnen viele dünne Kinderarme entgegen: „Poschaluista, dai kusotschka chleba!“ (Bitte, gib mir ein Stück Brot!) Die einfachen Soldaten teilten fast immer.

---

*) heute Bagrationowsk und Kaliningrad in Rußland

Der Dezember 1946 war auch für ostpreußische Verhältnisse ungewöhnlich kalt. Unsere größte Sorge war, neben Eßbarem unbedingt etwas Brennbares auftreiben zu können. In die Umgebung von Preußisch Eylau, in die Wälder mit dichtem Unterholz, wagte sich niemand mehr. Es wäre zu gefährlich gewesen, denn überall streiften sowjetische Soldaten umher, immer auf der Suche nach „Wertvollem“ oder nach Frauen, wobei das Alter keine Rolle spielte, ein achtjähriges kleines Mädchen war genauso gefährdet wie eine achtzigjährige Großmutter.

Längst waren alle Holzzäune abgerissen und verfeuert worden. Die wenigen deutschen Einwohner, die nicht geflüchtet oder noch nicht vor Hunger gestorben waren, begannen allmählich, die Treppengeländer und Möbel zu verheizen.

Wenn wir auf unseren Streifzügen durch die Trümmer nach einem Stück Holz oder nach Fischköpfen suchten, die die sowjetischen Soldaten weggeworfen hatten, trafen wir nur noch wenige Deutsche, meist in Lumpen gehüllte, fürchterlich abgemagerte Gestalten. Bernhard, unser kleiner Bruder, sah schon genauso aus – in Vatis ehemaliger eleganter, mit braunen Husarenschnüren verzierter, dunkelgrüner Hausjoppe, die er als langen Mantel trug, erregte er Mitleid. Sein kleines Gesicht war blaß und unendlich müde. Bernhard wirkte durch seine Magerkeit viel jünger und kleiner. Wenn er an ihren Haustüren bettelte, gaben ihm die Russen, die, bis auf wenige Ausnahmen, alles was deutsch war, haßten, fast immer ein paar Kartoffelschalen, ein winziges Stückchen Brot oder etwas Suppe in sein Töpfchen, das er immer bei sich trug.

Ich wartete mitunter den ganzen Tag, daß Bernhard zurückkäme und mir von seinen Bettelgängen etwas zu essen mitbringen würde. Ich hatte keine Chance, etwas zu bekommen, ich war ungewöhnlich groß und schon zu alt, ich erregte kein Mitleid. Ich konnte überall anklopfen, wenn die Leute mich sahen, schlugen sie wortlos die Türe wieder zu. Ich war auch viel zu sauber. Seit dem Tag, an dem mich ein sowjetischer Offizier mit vorgehaltener Pistole auf den viele Male durchwühlten, von unzähligen zerrissenen, schmutzigen Kleidungsstücken übersäten Boden geworfen und vergewaltigt hatte, wurde ich das Gefühl nicht mehr los, mich ständig waschen zu müssen.

Im Sommer reinigten wir uns mit Regenwasser, im Winter mit Schnee, davon hatten wir hier ja genug. Bernhard, Marga und ich waren die saubersten deutschen Kinder in der Stadt, und das ganz ohne Waschpulver und Seife. Unser kleines Zimmerchen und die winzige Küche unter dem schrägen Dach waren stets aufgeräumt. Wir überlebten wahrscheinlich auch deshalb, weil wir uns nie aufgaben und nicht, wie viele Ältere, nur der Vergangenheit nachtrauerten. Unsere allergrößte Hoffnung war: Eines Tages würden wir unsere Mama wiederfinden!

Immer, wenn wir uns gerade ein neues Zuhause zusammengetragen hatten und uns ein wenig heimisch fühlten, erschienen russische Soldaten mit roten Armbinden und befahlen laut: „Alles rrrauskommen! Alle Sachen stehenlassen!“

Alle Deutschen wurden dann unter Bewachung in einen anderen Stadtteil geführt. Die uns zugewiesenen Wohnungen waren jedesmal in einem schrecklichen Zustand, nur nach mehrmaligem, gründlichem Saubermachen konnten sie benutzt werden. Da wir alles zurücklassen mußten, war das, was wir am Körper trugen, unser einziger Besitz.

Die längste Zeit lebten die Deutschen in den kleinen Häuschen der Erich-Koch-Siedlung, benannt nach dem Gauleiter von Ostpreußen. Es waren hübsche, weiße Häuser mit eingezäunten kleinen Gärten. Die Zäune waren aus Draht oder Eisengitter, sie ließen sie sich leider nicht verheizen, so sah es in diesem Viertel noch recht ordentlich aus.

Wenn Bernhard in seiner riesengroßen Joppe und mit einer Mütze mit viel zu großem Schirm auf dem kleinen Kopf am Anfang der langen Straße auftauchte, durchströmte mich ein Glücksgefühl. Seine Beine, so dünn wie Stöckchen, steckten in unförmigen Gebilden, die ich als Ersatz für Schuhe angefertigt hatte. – Bei unseren etwas längeren Streifzügen in die Umgebung hatte ich in einer Scheune übergroße Knäuel dickes, festes Band gefunden. Die ostpreußischen Bauern hatten es zum Binden der Garben benutzt. Wir hatten davon Unmengen in unsere Behausung geschleppt. Im Sommer liefen wir zwar barfuß, aber als es kalt wurde, häkelte ich aus dem Band Schuhe, immer rundherum, in der Mitte ließ ich ein Loch zum Hineinschlüpfen.

Voller Hoffnung starrte ich auf den vielleicht mit Brotresten oder Kartoffelschalen gefüllten Stoffbeutel, den er immer quer umgehängt hatte, oder auf das Töpfchen, das er vorsichtig vor sich hertrug, weil ein bißchen Suppe oder Kascha darin war. Als Dank las ich ihm dann bis zum Dunkelwerden die schönsten Märchen vor. Bücher, wunderschöne Bücher, hatten wir uns von überall her aus den leerstehenden Häusern zusammengetragen. Das einzige, was die Russen liegenließen, waren Bücher. Nur, wenn irgendwo ein Hakenkreuz oder ein Hitlerbild zu sehen war, hatte bestimmt ein Soldat einen „Haufen“ draufgemacht.

Wir standen auf, wenn es draußen hell wurde und gingen schlafen, wenn die Dunkelheit anbrach. Es war zwei Tage vor Heiligabend 1946. Der strenge Frost hatte die schönsten Eisblumen an die wie ein Wunder heilgebliebenen Fensterscheiben gemalt. Die aufgehende Sonne ließ die Eispracht derart glitzern, daß unsere zwei winzigen Räume ein märchenhaftes Aussehen bekamen. Mit größter Willenskraft wühlte ich mich aus den dicken Federbetten, unserem wertvollsten Besitz, um die tägliche „Kartoffelsuppe“ zu kochen. Sie bestand aus etwa zwei Litern Wasser, zwei roh geriebenen Kartoffeln und einigen Krümelchen Salz. Das Salz war eine große Kostbarkeit, die Russen verkauften es auf dem Basar für zwei Rubel je Tasse. Es war sehr grob und schmutziggrau, aber es würzte.

An diesem Morgen hatte der klirrende Frost das Wasser in dem auf dem kalten Herd stehenden Topf gefrieren lassen. Darin eingefroren war eine winzige Maus, nur der Schwanz wirkte unnatürlich lang und sah aus wie ein dünner, schwarzer Strich auf dem Eis. Ich weckte Marga und Bernhard. Wir standen da und starrten auf die tote kleine Maus. Sie tat uns furchtbar leid. Ich brachte den Topf hinaus in den Garten, stellte ihn unter eine Hecke und schippte Schnee darüber. Nie mehr hätte ich ihn benutzen können. Aber wir hatten uns ja genügend Gefäße aus leerstehenden Wohnungen besorgt. Der Schnee um „unser“ Haus herum war so zartweiß, ein Topf davon ergab unsere Wassersuppe.

Nach dem Frühstück begann das „Organisieren“. Marga schaffte das am besten. Sie war mutig genug, dazu klein und dünn, um in die winzigen Kellerlöcher mit tonnenschwerem Schutt darüber zu klettern. Was für Herrlichkeiten beförderte sie manchmal an das Tageslicht: Fleisch, Wurst, Sülze, Erdbeeren, alles eingeweckt, und jede Menge Marmelade.

Unser Nachbar von gegenüber ging fast jeden Morgen irgendwohin, um Glut zu holen, denn Streichhölzer gab es nicht. Diesen Zeitpunkt paßten wir genau ab. Das vereiste Fenster leicht geöffnet, beobachtete ich, wenn Herr Zahlmann das Haus verließ. Marga wartete indessen schon unten an der Haustür auf mein Zeichen: „Jetzt!“

Daraufhin sprintete sie über die Straße und rein in Zahlmanns Wohnung. Die Tür ließ er merkwürdigerweise immer offen, obwohl er manchmal ziemlich lange wegblieb, wenn in den näherliegenden Häusern die Glut auch ausgegangen war. Aber meist hatte irgendein Nachbar das Feuer doch über Nacht gerettet.

In Zahlmanns Wohnung lagerten unglaubliche Schätze, denn er war ganz groß im „Organisieren“. In Regalen standen fein säuberlich Einweckgläser aus den Kellern der durch Bombenangriffe eingestürzten Häuser. Da gab es eingewecktes Pferdefleisch, Pferdeklopse, da standen Schüsseln mit Korn und Mehl und andere Herrlichkeiten.

Irgendwie ernährten wir uns. Ein Faß Flugzeugmotorenöl, sorgsam beiseite geschafft und versteckt, war unsere Rettung. Schuhcreme, Hundekuchen – alles ließ sich essen. Manchmal konnte man auf den völlig verunkrauteten Feldern noch Brennesseln oder Melde finden. Längst waren auch die Keller der zerbombten Häuser leergeräumt.

Mit Wehmut dachten wir an früher. Wenn wir, in alte Steppdecken eingehüllt, rumlagen und in Kochbüchern blätterten, spielten wir das Spiel: „Das ist meins!“ Dabei zeigten wir mit dem Finger auf eine Stelle im Buch, wo eine köstliche Torte oder ein Teller mit Wurst und Käse abgebildet waren. Wir unterhielten uns nur noch über Essen.

Im Frühjahr 1947 wurden alle elternlosen Kinder aufgegriffen und in das russische Waisenhaus „Kalthof“ nach Königsberg gebracht. Dort lebten wir zusammen mit russischen Waisenkindern. Sie waren älter als wir, schlugen uns und nannten uns „Faschisten“. Die Erzieher waren Russen in Militäruniform. Weil wir es dort nicht aushalten konnten, rissen wir aus. Irgendwie schlugen wir uns bis Preußisch Eylau durch. Hier kannten wir uns aus. Und wieder hausten wir in Ruinen. Wir ernährten uns durch Betteln, nachts stahlen wir bei den Russen das Obst von den Bäumen.

Im September entdeckte uns die Miliz, und wir wurden in das Waisenhaus zurückgebracht. Dort bekam ich bald hohes Fieber, bis ich schließlich so schwach war, daß ich nicht mehr allein gehen konnte. Ein Sanka, ein russischer Krankenwagen, kam und ich wurde auf eine Trage gelegt. Ehe die Tür hinter mir zuschlug, sah ich noch Marga mit roter Mütze und rotem Mantel, daneben den kleinen, dünnen Bernhard. Auch die anderen Kinder standen erschrocken und stumm da. Sie dachten wohl alle, ich müsse bald sterben.

Man brachte mich in das einzige deutsche Diakonissen-Krankenhaus in Königsberg. Ich hatte Typhus und Ruhr. Wochenlang pflegten mich sehr alte, deutsche Ärzte und Diakonissenschwestern gesund. Die Russen belieferten das Krankenhaus mit Brot und wenigen anderen Lebensmitteln. Dadurch gelang es dem Personal, viele Deutsche zu retten.

Eine Diakonissenschwester brachte mich zurück ins Waisenhaus. Hier mußte ich erschrocken feststellen, daß keine deutschen Kinder mehr da waren. Daraufhin lief ich zu Fuß nach Preußisch Eylau, suchte dort überall nach Marga und Bernhard, fand sie aber nicht. Ich kroch in alle Keller, in alle Ruinen, aber in der ganzen Stadt war kein einziger Deutscher mehr zu finden. Völlig verzweifelt kehrte ich nach Königsberg zurück, konnte dort zum Glück das Krankenhaus, in dem ich gelegen hatte, wiederfinden. Ich flehte die Schwestern an, mich wieder aufzunehmen. Sie schickten mich nicht weg, sie teilten das Wenige, das sie hatten, mit mir.

Ende November 1947 wird das Krankenhaus „Barmherzigkeit" geräumt. In einer langen Kolonne führen uns die Russen zum Bahnhof. Dort müssen wir uns im Freien völlig nackt ausziehen und zusehen, wie vor unseren Augen die Kleidung und unsere letzte Habe wie Dokumente, Fotos und Briefe in ein großes Feuer geworfen wird. Jahrelang hatte ich über alle Schwierigkeiten hinweg unser Familienstammbuch und einige Fotos in einem großen, grauen Beutel um den Hals getragen, mich nie davon getrennt. Jetzt verbrannte alles!

Wir werden für die Fahrt ins „Reich" neu eingekleidet. Neben anderen Kleidungsstücken bekomme ich einen wattierten Mantel und ganz neue, hohe Schnürschuhe. Anschließend werden wir Kinder in großen Gruppen mit einer deutschen Frau als Begleitung zu einem zerbombten kleinen Bahnhof geführt. In dem Waggon ist ziemlich schmutziges Stroh aufgeschüttet. An einer Seite ist, wir glauben zu träumen, ein Berg Kommißbrot gestapelt, dazu „Deutsche Tafelmargarine".

Den ganzen Tag über steht der Zug, wir können nicht hinaus, die Tür läßt sich von innen nicht öffnen. Auf dem Stroh können wir nicht liegen, es ist zu eng. Ich sitze mit angezogenen Beinen und habe Durst. Wasser gibt es nicht. In einer Ecke steht ein Eimer für die Notdurft. Viele Kinder haben Durchfall. Die Kleinkinder wimmern vor sich hin, manche können noch nicht reden. Keiner weiß, wer sie sind und wie sie heißen. Sie wurden in Ruinen oder in leeren Wohnungen gefunden, erklärt die Frau.

Wir reißen vom Brot große Stücke ab und schmieren die Margarine mit Fingern darauf, es gibt kein Messer. Der Durst wird immer schlimmer. Irgendwann bin ich eingeschlafen und wieder aufgewacht, weil meine Beine ganz steif waren. Durch den Sehschlitz kann ich erkennen, daß es Nacht ist und der Zug fährt. Dann steht er wieder oder fährt ganz langsam. Einmal regnet es und wir strecken unsere Hände aus der kleinen Öffnung und lecken sie ab.

Irgendwo, es ist ein polnischer Name, wird die Waggontür zum ersten Mal aufgemacht. Wir taumeln auf den Bahnsteig und haben nur einen Wunsch: Wasser!

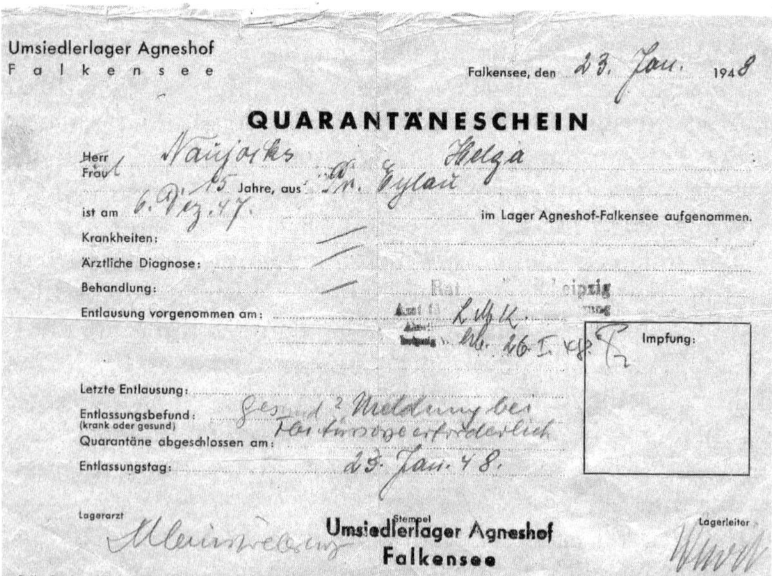
Umsiedlerlager Agneshof
Falkensee

Falkensee, den 23. Jan. 1948

QUARANTÄNESCHEIN

Herr / Frau Naujoks Helga

15 Jahre, aus Pr. Eylau

ist am 6. Dez. 47. im Lager Agneshof-Falkensee aufgenommen.

Krankheiten: —

Ärztliche Diagnose: —

Behandlung: —

Entlausung vorgenommen am:

Impfung:

Letzte Entlausung:

Entlassungsbefund: (krank oder gesund) Gesund? Meldung bei Tbc-Fürsorge erforderlich

Quarantäne abgeschlossen am:

Entlassungstag: 23. Jan. 48.

Lagerarzt

Stempel

Umsiedlerlager Agneshof
Falkensee

Lagerleiter

Gallus Druckerei KG Berlin Tiergarten Alt Moabit 105 5000 8. 46

Mein Quarantäneschein aus dem Umsiedlerlager Agneshof in Falkensee bei Berlin, in dem ich am 6. Dezember 1947 eintraf. Der Entlassungsbefund vom 23. Januar 1948 lautete: „Gesund? Meldung bei Tbc-Fürsorge erforderlich.“

Das bin ich, ein halbes Jahr später, im Frühjahr 1948, schon ordentlich aufgepäppelt. Inzwischen waren auch die Haare wieder gewachsen. Das Foto stammt aus meinem Arbeitsbuch. Ich kam in Leipzig bei Pflegeeltern unter, die eine chemische Fabrik besaßen. Dort arbeitete ich als kaufmännische Gehilfin.

Der Bahnsteig ist im Nu von Hunderten Menschen überfüllt. An der Lokomotive wird Wasser verteilt. Ein deutscher Eisenbahner reicht mir einen rostigen Kochtopf voll Wasser: „Trink, Kleine!“

Tote Kinder werden aus dem Güterwagen herausgeholt.

Wir fahren weiter bis Pasewalk in Pommern, wir sind da! Rotkreuz-Schwestern und deutsche Männer in Uniform – für uns unfaßbar, weil mit Pistolentaschen an der Seite – heben uns aus den Waggons. An ihren Ärmeln lese ich „Deutsche Volkspolizei“. Viele Kinder haben den Transport nicht überlebt. Ich aber lebe!

In einem Quarantänelager in Koserow an der Ostsee werden wir aufgepäppelt. Wir haben sogar ein Kino. Dort werden sowjetische Filme gezeigt, sie gefallen mir. Es sind alles lustige Filme. Wir sollen wieder lachen lernen.

Wieder ein neues Lager, Falkensee bei Berlin, Umsiedlerlager Agneshof. Hier erlebe ich den Heiligen Abend 1947. Ein großer Saal mit einer glitzernden Tanne. An langen, festlich geschmückten Tafeln warten bunte Teller auf uns. Wir aber, entsetzlich magere Kinder mit Glatzen wegen der Läuse, bleiben stumm am Eingang stehen. Es ist zu schön, wir sind wie verzaubert. Wir Mädchen tragen alle die gleichen karierten Kleider. Viele von uns wurden vergewaltigt.

Hübsche Mädchen mit runden Gesichtern und schönen langen Haaren kommen uns holen, sie fassen uns an den Händen und führen uns zu unseren Plätzen. Die Mädchen und Jungen sind alle so freundlich, sie umarmen und streicheln uns immer wieder. Mir kommen sie vor wie Engel. Alle tragen blaue Hemden mit einer aufgehenden Sonne am Ärmel. Sie überreichen uns schön verpackte Geschenke.

Ich bekomme ein Buch, für mich das beste Geschenk, sein Titel „Timur und sein Trupp“ von Arkadi Gaidar. Darin steht eine Widmung:

„Für Dich!
von der FDJ-Gruppe Falkensee.“

Aber ich bin allein hier, wo sind meine Geschwister? Wo ist Mama?

Aus: „Hungern und hoffen“, Reihe ZEITGUT, Bd. 10. Weitere ZEITGUT-Beiträge der Autorin sind im Autorenverzeichnis vermerkt.

[Insterburg*), Ostpreußen – Kopeisk nahe Tscheljabinsk,
Sibirien – Hoyerswerda, Lausitz – Berlin;
Februar – August 1945]

Hildegard Bolle

„Nach der Heimat geht mein heißes Sehnen"

Nachdem die Rote Armee am 23. Januar 1945 überraschend schnell unsere Heimatstadt Elbing**) in Ostpreußen eingenommen hatte, wurden wir von russischen Soldaten zu Fuß, dann auf offenen LKWs über Eis und Schnee quer durch Ostpreußen bis nach Insterburg getrieben. Nach häufigen Verhören durch sowjetische Geheimpolizisten im NKWD-Zuchthaus, pferchte man uns am 1. März 1945 in Viehwaggons, immer zirka 50 Personen in einen Wagen. Die Türen wurden verriegelt, wir standen oder kauerten im Dunkeln. Wir wußten nicht, was mit uns geschehen würde. Ich mußte immerzu an meine Eltern denken. Ob sie überhaupt noch am Leben waren?

Kurz nach meiner Rückkehr nach Deutschland im August 1945 habe ich unter dem unmittelbaren Eindruck des Erlebten die folgenden Aufzeichnungen zu Papier gebracht.

3. März. Ein Ruck, der Zug fährt los. Etwa 3000 Ostpreußen treten eine Fahrt ins Ungewisse an. Wir hoffen trotz allem noch auf Befreiung.

15. März. Schon ein und einen halben Tag stehen wir. In der letzten Zeit ist es eisigkalt gewesen, bis zu 30 Grad minus. Wir haben weder Decken noch Stroh. Nicht alle

*) heute Tschernjachowsk in Rußland **) heute Elblag in Polen

haben Platz zum Sitzen, die Glieder schmerzen. Unsere Verpflegung besteht aus Trockenbrot und Wasser mit Eisstücken oder nur Schnee. Viele sind krank. Mehrere sind schon gestorben. Ganz in meiner Nähe hat eine Frau eine Fehlgeburt gehabt, sie ist verblutet. Von Russen geschändete Mädchen wimmern leise vor sich hin.

Am Abend müssen wir aussteigen. In Charkow können wir zum ersten Mal baden, und wir werden entlaust. Eine Frau hat eine Frühgeburt. Wir trinken literweise Waschwasser. Von der Wärme geschwächt und mit nassen Haaren müssen wir zurück in die Waggons. Viele bekommen Fieber.

Ich träume von zu Hause und möchte weinen. Aber ich kann nicht. Keiner, der mich lieb hat, in dessen Arme ich mich flüchten kann! Ich bin doch erst 16 Jahre alt!

22. März. Die kälteste Nacht liegt hinter uns, viele habenerfrorene Gliedmaßen. Mir sind die Füße nur angefroren. Ich glaube, ich bin im Kopf nicht mehr ganz klar. Dauernd werde ich ohnmächtig. In unserem Waggon hat es sieben Tote gegeben. Wir sind an unserem Bestimmungsort angekommen: Kopeisk nahe Tscheljabinsk, hinter dem Ural. Am Vormittag wieder Baden und Entlausen.

Nachts um halb zwei fährt man uns in ein Lager. Es ist das Arbeitslager VI in Kopeisk. Wir bekommen heiße Hirsesuppe. Ein wonniges Gefühl! Zum ersten Mal seit dem 23. Januar darf ich mich wieder ausstrecken, wenn auch nur auf rohen Brettern, ohne Decke, ohne Strohsack. Ich schlafe wie eine Tote.

23. März. Morgens um halb sechs poltern mehrere russische Offiziere herein. Sie befehlen, vier Mädchen sollen mitkommen, um „nur zehn Minuten“ zu arbeiten. Ich melde mich. Die Sonne geht klar auf, draußen herrscht klirrende Kälte. Wir haben nur vier Stunden geschlafen. Taumelnd folgen wir den Männern. Doch dann – das Herz steht vor Entsetzen still! – unsere erste Tätigkeit soll Leichentragen sein!

Etwa 50 Männerleichen, fast alle nackt, die hier sicher schon zwei bis drei Wochen übereinander liegen. Die steifgefrorenen Leiber sind schwer, und die offenen Augen sind anklagend gen Himmel gerichtet. Spuren von Kolbenschlägen und Schüssen sind zu sehen. Ein süßlicher Geruch strömt von den Toten aus. Wir sollen die Leichen in eine Holzbude schleppen. Nach der fünften machen wir schon schlapp. Die Arbeit ist viel zu schwer für uns. Unter Tränen versuchen wir, das den Russen klarzumachen. Schließlich dürfen wir zurück in die Baracke gehen.

24. März. Ein neuer Transport mit deutschen Frauen kommt an. Hildegard Krebs aus der 5M unserer Lehrerbildungsanstalt*) ist dabei. Ihre Schwester ist schon mit uns hierhergekommen. Die beiden haben sich wenigstens wieder. Ich fühle mich so einsam! Meine Sehnsucht nach irgendeinem lieben Menschen wird übergroß.

Von den 3000 Frauen und Mädchen, die in Insterburg die unfreiwillige Reise angetreten haben, sind nur etwa 2300 lebend angekommen.

17. April. Jetzt sind wir schon mehrere Wochen im Lager. Das Essen ist furchtbar. Hungerkrankheiten raffen viele hinweg: Darmverschlingungen, Typhus, Skorbut und Schwellungen am ganzen Körper. Binnen kurzer Zeit muß Nachschub aus einem anderen Lager her.

Das Leben ist zermürbend. Wir schlafen auf ungehobelten Brettern, die lose über einfachen Gestellen liegen. Keiner hat einen Strohsack, die Schwerkranken sollen demnächst einen bekommen. Nachts decken wir uns mit den meist nassen Mänteln zu, die wir morgens wieder überziehen. Wir verkommen vor Dreck. Wasser gibt es nur selten. Am liebsten würden wir es dann trinken. Es ist wie eine Sucht. Da das Wasser bleihaltig ist, würde das jedoch den Tod bedeuten. Wir müssen uns beherrschen! So benetzen wir uns mit dem wenigen Wasser Augen und Hände. Wie gern möchte ich wieder einmal saubere Wäsche anziehen!

---

*) Ich begann bereits mit 15 Jahren eine Ausbildung zur Volksschullehrerin für die eroberten Ostgebiete in der Lehrerbildungsanstalt (LBA) in meiner Heimatstadt Elbing.

Schlüpfer und Strümpfe sind längst nur noch Fetzen. Meine Füße sind wund und eitrig, denn ich habe Vatis Schuhe an, die zwar fest, aber vier Nummern zu groß sind.

Anderthalb Wochen war ich in der Küche. Dort habe ich mich schwer erkältet und am Kessel verhoben. Es gibt keinen Ausguß, das schmutzige Wasser muß 50 Meter weit hinausgetragen werden. Drinnen herrscht eine kaum auszuhaltende Hitze, draußen heulen Schneestürme. Ich gehe nicht mehr zur Arbeit in die Küche, auch wenn mir mit Karzer gedroht wird.

Die sexuellen Belästigungen seitens der Russen haben aufgehört. Ein paar Frauen geben sich für ein Butterbrot her. Es ist zwar zu verstehen, doch zu entschuldigen ist es nicht.

Wie mag es in Deutschland aussehen? Ich glaube immer noch an den Sieg. Ob meine Angehörigen noch leben? Ob Mutti noch lebt? Mich quälen furchtbare Gewissensbisse.

Von Frauen aus dem zweiten Transport erfahre ich, daß unser Haus ausgeplündert und angesteckt worden sei. Jetzt kann ich nirgendwo mehr hingehen! Werde ich meine geliebte Heimat, werde ich unser Narmeln, Elbing, die Nehrung und die Ostsee je wiedersehen? Lieber Gott, beschütze alles, was uns heilig ist!

Morgen werden wir zum ersten Mal „raboti“ gehen. Eine Ärztin hat uns in Arbeitsgruppen eingeteilt. Ich gehöre zur Gruppe zwei und soll unter Tage im Kohlenschacht arbeiten. In der Quarantänezeit haben wir bisher den Hof planiert und das Klo, sofern man es als solches bezeichnen kann, saubergemacht. Von den sogenannten Straßen im Ort mußten wir menschliche Kothaufen entfernen.

In den Baracken können wir uns vor Wanzen, Läusen, Flöhen, Ratten und Mäusen kaum retten! Unsere Freizeitbeschäftigung ist, uns zu lausen und abermals zu lausen. Viele Frauen haben eine Glatze geschoren bekommen, ich auch.

Die Schwester von Hildegard Krebs ist gestorben. Sie ist selbst sehr krank. Ich will mich mit ihr über die alten, schönen Zeiten in der Schule und in der Kulturgruppe unterhalten. Von sich aus beginnt sie kein Gespräch. Ich hoffe, sie verliert nicht den Lebenswillen.

29. April. Einige Tage habe ich im Kohlenschacht gearbeitet. Den vier Kilometer langen Weg bis zum Schacht mußten wir durch öde, baum- und strauchlose Landschaft bei schneidendem Wind auf durchweichtem Boden zu Fuß zurücklegen. Immer mußten wir dabei singen. Wer nicht wollte, dem wurde mit Strafe gedroht. Meistens singen wir unser Lagerlied. Wir bevorzugen es, weil es, begleitet von Tränen, unsere einzig wahren Gefühle ausdrückt. Unsere Bewacher verstehen ja den Text nicht:

„Nach der Heimat geht mein heißes Sehnen,
nach der Heimat möcht ich gerne hin,
möcht im Stillen heiße Tränen weinen,
wenn ich an die Abschiedsstunde denk...“

Wir mußten Hunte schieben und Kohlen aufschaufeln. Infolge der primitiven Arbeitsbedingungen gibt es dort unten täglich Tote. Am Förderband sitzen meist ältere Frauen. Manche haben den Verstand verloren. Acht bis zehn Stunden stumm auf demselben Fleck, während die Gedanken davoneilen! Ich bin im Schacht ohnmächtig geworden. Daraufhin hat man mich untersucht und für die Grube als untauglich erklärt. Durch das Grubengas habe ich einen Lungenknacks bekommen, und wegen der allgemeinen körperlichen Schwäche macht mein Herz nicht mehr richtig mit.

Jetzt arbeite ich im Holzwerk, das zum Schacht gehört. Wir Frauen müssen Baumstämme abladen und zum Sägewerk befördern! Vor Unterleibs- und Rückenschmerzen können wir uns zeitweise nicht mehr aufrechthalten. Wir bekommen unsere Regel nicht mehr.

Mit uns arbeiten auch Wolgadeutsche, Tataren, Usbeken, Kaukasier und Ukrainer. Sie sind ganz nett zu uns, nur ihre Kinder sind sehr verhetzt, schreien uns hinterher, bespucken und werfen Steine nach uns.

Herr Diesendorff, ein sehr kluger Wolgadeutscher, versorgt mich täglich mit den neuesten Nachrichten. Ich erfahre von ihm, was in der weiten Welt vorgeht. Die Informationen gebe ich abends an die Frauen im Lager weiter, so daß sie immer ungeduldig auf meine Rückkehr warten.

Vom ersten Lagertag an machen Gerüchte die Runde: „Dann und dann geht es heim!" Oder: „Die Engländer fordern unsere Auslieferung!" Immer ist dabei der Wunsch der Vater des Gedankens. So unvermittelt die Parolen auftauchen, so schnell sind sie wieder verschwunden. Das zermürbt unsere Nerven. Wenn dann der betreffende Tag ohne daserhoffte Ereignis verstreicht, setzt jedesmal ein regelrechtes Massensterben ein. Die letzte Lebensenergie, die die Menschen für den Tag der Heimkehr gespeichert haben, löst sich in Nichts auf. Es ist zum Verzweifeln!

Ich schöpfe meine Kraft, soweit ich sie nicht beim Beten finde, aus meinen unvergeßlichen, wunderbaren Kindheits- und Jugenderinnerungen. Wenn wir im „Zimmer" beisammen sind, erzähle ich von zu Hause. Alle kennen inzwischen meine Lieben, meine Freundinnen sowie viele Erlebnisse, die ich hatte, ganz genau. Auch mit schönen, alten Liedern erfreue ich die anderen.

7. Mai. Russische Truppen hätten Berlin eingeschlossen, heißt es. Deutschland hätte den Krieg verloren! Wären wir doch bloß bei den Engländern oder bei den Amis! Die würden uns bestimmt humaner behandeln.

Die Ungewißheit ist unerträglich. Immer mehr von uns sterben. Täglich wird der klapprige Karren, hochbepackt mit nackten, knochigen Leichen, zum Lagertor hinausgeschoben. Die Angehörigen werden es wohl nie erfahren. Ich beiße die Zähne zusammen.

Jeden Morgen müssen wir draußen zum Zählen antreten. Das dauert immer sehr lange. Schlimmer als die Kälte sind der Wind und die Nässe. Niemand hat richtiges Schuhwerk. „Deutsche Schweine" ist ein Lieblingsausdruck der Russen. Unter übelsten Beschimpfungen müssen wir mit Spaten den Mist aus den Baracken schaffen.

Eimer oder Lappen gibt es nicht. Die Russen sagen, daß es in den Konzentrationslagern in Deutschland ähnlich zugegangen sei.

Sonntage gibt es nicht. Jeder hat alle zehn Tage einen Ruhetag. Am 1. Mai brauchten wir nicht zu arbeiten.

Zu essen gibt es stets das gleiche: Hafer, Mais oder, als höchstes der Gefühle, Hirse, ganz dünn und ungewürzt. Das Brot ist bitter, sauer und klitschnaß, wir vertragen es nicht. Als Eßgeschirr dienen leere Konservendosen, Löffel haben wir nicht. Kartoffeln oder Gemüse haben wir hier noch nicht gesehen, dafür aber stinkenden, halbverfaulten Fisch.

9. Mai. Der Krieg ist zu Ende. Am Abend ist Tanz. Ich könnte nicht hingehen, man müßte mich schon hinprügeln. Die Siegesfeiern sind schauderhaft!

Die Parolen, wir würden nach Hause entlassen werden, nehmen zu. Ich glaube nicht daran.

21. Juni. Heute ist Muttis Geburtstag. Ich denke immerfort an sie. Liebe Mutti, lebst du noch?

Die Angst um meine Angehörigen quält mich ungemein! Der Gedanke an daheim läßt niemanden zur Ruhe kommen. Hätte man nur ein einziges Lebenszeichen von zu Hause, die Situation wäre leichter zu ertragen.

Zwei Drittel der Lagerinsassen sind verstorben. Dreimal wurden wir gegen Typhus geimpft. Die Spritzen waren jedoch nicht desinfiziert, so daß wir eitrige Geschwüre bekamen. Ich fühle mich nicht wohl. Es ist sehr heiß. Von der Arbeit im Holzwerk bin ich ganz braun geworden, meine Hände sind hart und rissig. Meinem Wahlspruch bleibe ich nach wie vor treu: „Kopf hoch und durch!“

Wir sind oft verhört worden. Immer wieder kommen neue Kommissionen. Wie lange müssen wir noch hierbleiben?

Wir leiden unter Vitaminmangel. Ich habe mein Saffianportemonnaie gegen fünf Pellkartoffeln getauscht. Weihnachtsmarzipan könnte nicht besser schmecken!

22. Juni. Ich werde ins Lazarett eingeliefert. Die Ruhr, die mich so geschwächt hat, ist zwar überstanden, aber jetzt habe ich Gelbsucht und malariaähnliches Fieber, dazu Gliederreißen, Herz- und Lungenstiche sowie eitrige Beulen von den Wanzenstichen.

Das Lazarett unterscheidet sich kaum von den Arbeitsbaracken, höchstens durch noch mehr Wanzen. Ich muß auf dem Boden des zugigen Ganges schlafen. Manche haben hier wirklich Strohsäcke, die allerdings total verlaust sind. Von den oberen Betten rieseln die Tiere nur so herab.

Das Essen in der Krankenbaracke ist etwas besser, aber immer noch viel zu dürftig. Die Menschen sehen wie mit welker, grauer Haut bespannte Skelette aus. Ihre Köpfe

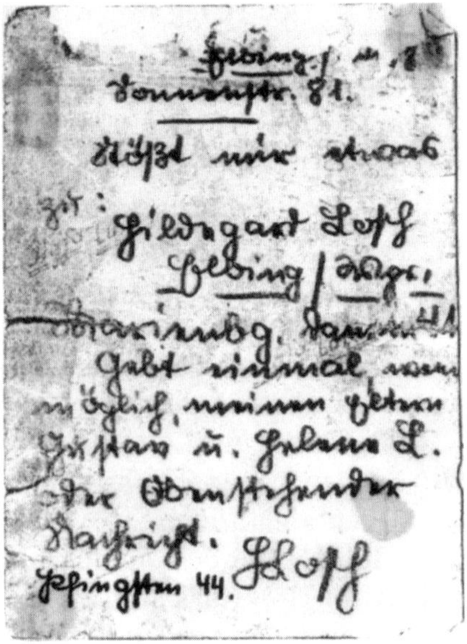

Dieses Foto war mein „Ausweis“ für den Fall meines anonymen Sterbens. Es zeigt meine Lehrerin Edith Pandow-Rigleb von der Lehrerbildungsanstalt in Elbing/Ostpreußen. Ihr Verlobter war gefallen, deshalb trug sie Schwarz. Es war das einzige Foto in Zivilkleidung, das ich bei mir trug. Alle anderen Bilder waren in Uniform aufgenommen – während der letzten Kriegsjahre durften die Fotografen nur solche anfertigen – und wurden mir beim ersten Verhör abgenommen und in den Abort-Eimer geworfen. Auf der Rückseite des Fotos steht mein Name verbunden mit der Bitte, meine Eltern zu benachrichtigen.

sind kahlgeschoren, die Augen liegen tief und sind ohne Glanz. Ich wiege keine 40 Kilogramm. Das Elend hier kann einem den letzten Glauben an die Menschheit und an Gerechtigkeit nehmen. Neben mir sind mehrere Menschen gestorben. Ich achte schon nicht mehr darauf, so abgestumpft bin ich inzwischen.

Ich bin so froh, daß ich nicht mehr in der Arbeitsbrigade bin, die von Posten mit aufgepflanztem Bajonett täglich durch das Tor des mit Stacheldraht gesicherten Zaunes geführt wird und mehrere Kilometer bis zum Schacht laufen muß. In der Mittagszeit ist es unerträglich heiß, der Boden glüht. Solange wir hier sind, durften wir zweimal in die drei Kilometer entfernte Entlausungsanstalt.

Die einheimische Bevölkerung lebt in furchtbaren Behausungen, zum Teil in Erdhöhlen. Schmutz und Ungeziefer gehören dazu. Ich muß diese armen Menschen immer wieder bedauern, denn sie haben im Gegensatz zu uns niemals andere Lebensumstände kennengelernt. Sie haben nie erfahren, wie reich und angenehm das Leben sein kann. Die Leute hier kennen nur Arbeit unter schwersten Bedingungen. Und sie müssen sich ewig vor der Obrigkeit ducken, einen eigenen Willen dürfen sie nicht zeigen. So werden auch wir behandelt. Dennoch verstehen diese bedauernswerten Geschöpfte ihrem tristen Dasein einiges abzuringen, vor allem ihr Johlen in geselliger Runde, ihre wilden Tänze und die sinnliche Liebe. Ich versuche, die Taten der Russen mit ihrem Lebenswandel zu entschuldigen – es gelingt mir.

Durch das Lager schwirrt jetzt täglich, ja stündlich die Parole, wir dürften heim. Dann kommen wieder Miesmacher und nehmen uns allen Mut. Wenn ich auch oft zweifle, ein letztes Fünkchen Hoffnung bleibt stets in mir, das lasse ich mir nicht verschütten! Vielleicht wird mir doch die Gnade zuteil, Deutschland und meine Verwandten eines Tages wiederzusehen!

Wer ständig an Zuhause denkt, kann darüber den Verstand verlieren. Manche unter uns werden handgreiflich, es ist gefährlich, neben ihnen zu schlafen. Einige wollen in ihrem Wahn zu Fuß heim, laufen bis an den Draht, der zwei Meter vor dem Zaun gespannt ist, und werden erschossen. Ich habe zeitweise keine Orientierung, finde zum Glück aber immer wieder in die Wirklichkeit zurück.

Wir werden erneut zu politischen Vernehmungen geholt. Ich soll berichten, was wir im BDM getan hätten. Ich habe schon mehrfach zu Protokoll gegeben, daß wir Verwundete betreut, Heilkräuter gesammelt, Strümpfe gestopft und bei der Ernte geholfen haben. Weil ich ihre Annahme, wir Mädchen wären an Waffen ausgebildet worden und hätten an der Front gekämpft, nicht bestätigen kann, werde ich der Lüge bezichtigt. Die Russen brüllen und drohen mir. Ich bin erschöpft.

30. Juni. Obwohl noch nicht Zeit zum Zählen ist, müssen wir mit unseren Habseligkeiten draußen antreten. Wollen uns die polnischen Lagerführerinnen etwa wieder schikanieren?

Einige von uns, es sind vor allem Kranke und Schwache, werden aufgerufen, auch ich. Auf Lastautos werden wir in ein anderes Lager gebracht. Während der Fahrt kommen wir am „Haus der Kultur“ vorbei, das wir einmal eine ganze Nacht hindurch scheuern mußten. Wieder die Parole: „Es geht heim!“ Andere meinen: „Alles Quatsch, wir Kranken sollen jetzt auch arbeiten!“ Was soll man glauben?

Wir sind nur 60 Leute in dem großen Lager. Was hat das zu bedeuten? Beim Abschied haben die zurückbleibenden Arbeitskameraden geweint. Es folgt eine schreckliche Nacht: In den riesigen Baracken nur wir paar Dutzend Menschen, hungernd und vor Kälte und Fieber zitternd. Am Morgen kommen weitere Transporte.

10. Juli. Wir sind jetzt zehn Tage hier. Das Lager ist fast voll. Immerzu treffen neue Trupps ein, jeder aus einem anderen Lager der Umgebung. Es treffen sich Bekannte wieder, es finden sich Angehörige. Informationen über Nachbarn, Freunde und Familienmitglieder werden weitergegeben. Gute und schlechte Nachrichten. Eine solche

Ballung von unterschiedlichen Gefühlen, von höchstem Glück auf der einen und tiefstem Leid auf der anderen Seite, habe ich nie zuvor erlebt.

Die Meinung, wir würden bald nach Hause entlassen werden, verdichtet sich. Wir werden zu Trupps von 32 Personen zusammengestellt, und es wird jeweils ein Waggonältester bestimmt. Da wir nicht zu arbeiten brauchen, haben wir Zeit zum Lausen. Ich bin nach wie vor einsam.

21. Juli. Drei Wochen sind vergangen, und wir sind immer noch hier. Unsere Hoffnung schwindet. Die Aufregung nimmt zu, als wir erneut völlig nackt an den Russen vorbeilaufen müssen. Diese Schmach!

Herr Pfarrer Jeroschewitz, früher Geistlicher an der Paulikirche in meiner Heimatstadt Elbing, darf zum zweiten Mal unter freiem Himmel einen Gottesdienst abhalten. Er tröstet uns, spricht von Heimkehr, von unseren Lieben zu Hause. Wir sollten durchhalten, auch ihretwegen! Kein Auge bleibt trocken. Ich will meine ganze Kraft zusammennehmen!

23. Juli. Unter den Toten ist heute auch Pfarrer Jeroschewitz. Er durfte heimgehen.

24. Juli. Träume ich, oder ist es wirklich wahr?

Nachdem wir mehrere Kilometer querfeldein gestolpert sind, sitzen wir jetzt tatsächlich in einem Viehwaggon! Stunden vergehen, bis die befreienden Tränen rinnen und ich aufhöre, meinem gnädigen Gott zu danken.

30. Juli. Fünf Tage und fünf Nächte fahren wir nun schon. Pausenlos rattern die Räder: „Nach Hause – nach Hause – nach Hause!“ Wir kommen an Lagern vorbei, ebenfalls umzäunt und mit hohen MG-Türmen und immerbrennenden Scheinwerfern. Später werde ich erfahren, daß ich ganz nah an dem Lager vorbeifuhr, in dem meine Mutti, die ich schon für tot hielt, war.

Unterwegs rufen wir deutschen Kriegsgefangenen zu, daß es jetzt nach Hause, nach Deutschland, geht. Als sie das hören, strahlen ihre Augen, und in ihnen keimt Hoffnung.

Den südlichen Ural haben wir hinter uns gelassen, über

die Wolga sind wir auch hinweg. Wir sehen weithin unberührte Erde. Würden die Menschen hier den Boden bloß mehr nutzen, denke ich, viele Menschen könnte er ernähren.

6. August. Heute nacht haben wir die ehemalige Reichsgrenze passiert. Zwei Wochen hat es gedauert, bis wir die Strecke Kopeisk – Tscheljabinsk – Südural – Saratow – Charkow – Kiew – Tarnopol – Lemberg zurückgelegt haben. Jetzt geht es weiter nach Krakau, Kattowitz, Oppeln, Beuthen und Breslau*). Wir wundern uns über den Umweg, den wir machen. Insterburg liegt doch viel weiter im Norden!

Durch Polen zu fahren ist sehr gefährlich, unser Zug wird beschossen und unter unseren Waggon wird Feuer gelegt.

Ach, wird das schön werden, wenn wir in Elbing sind! Die Menschen dort werden schon wissen, daß ein Transport aus Sibirien kommt, und alle werden am Bahnhof stehen und uns abholen. Mit Blumen und etwas zum Essen. Und endlich werde ich wieder in einem richtigen Bett schlafen dürfen! Vielleicht kommen außer Vati und Mutti auch ein paar Freundinnen?

Es können ja nicht alle verschleppt worden sein! Geflüchtet waren doch die wenigsten.

Es heißt, wir würden bis Berlin fahren. Dort werde man uns unsere Entlassungspapiere aushändigen, und wir könnten selbständig nach Elbing reisen. Auch gut!

Wir sind alle aufgeregt. Während der ganzen Fahrt habe ich kaum etwas gegessen, vor Erschöpfung kann ich mich fast nicht mehr auf den Beinen halten. Der Darmkatarrh, den ich bereits seit Februar habe, wird immer schlimmer. Medikamente gibt es nicht. Die anderen sehen mich mitleidig an, und ich weiß genau, was sie denken. Ich will aber nicht sterben! Nicht jetzt, so kurz vor dem Ziel!

Das lange Sitzen, das schlechte, unregelmäßige Essen und die Gemütsverfassung schwächen sehr. Nur die Hoff-

*) heute Kraków, Katowice, Opole, Bytom und Wrocław in Polen.

nung, bald frei zu sein, hält uns aufrecht. Später wird bekannt werden, daß auf der Rückfahrt 300 Menschen gestorben sind.

16. August. Gestern waren wir schon bis Königs Wusterhausen gekommen, heute hat man uns zurück nach Cott-

August 1947. Zivilinternierte und kriegsgefangene Frauen kommem über das Polte-Lager zurück in die Heimat.

bus gefahren. Zum ersten Mal sehe ich wieder eine Straßenbahn und sauber gekleidete Menschen. Ich beneide sie darum. Ich habe nur ein völlig durchlöchertes Hemd, meine Trainingshose und den abgerissenen LBA-Mantel. Vaters Schuhe habe ich über die Schulter gebunden, damit sie nicht gestohlen werden. Die Sachen trage ich seit Januar auf dem Leib. Der Aufenthalt in Cottbus beunruhigt uns. Bloß nicht zurück nach Rußland!

Am Nachmittag erreichen wir Hoyerswerda. Plötzlich heißt es: „Alles aussteigen! Wir sind am Ziel." Ist es wahr?

Wir torkeln hinaus, stehen zum ersten Mal wieder auf deutschem Boden. In der Literatur ist oft beschrieben worden, wie Heimkehrer die Erde küssen. Von uns tut es niemand, aber wir bücken uns und berühren den schmutzigen Boden des Güterbahnhofs mit den Händen.

Nach stundenlangem Zählen geht es zu Fuß weiter. Wir schlurfen, schleichen mit gesenktem Blick durch die Straßen der Stadt. Die Leute betrachten uns neugierig. Seltsam, gar kein Mitleid in ihren Augen!

Nach vier Kilometern, uns schien, als seien es 40 Kilometer gewesen, machen wir vor einem riesigen ehemaligen RAD-Lager halt. Plötzlich vertraute Klänge! Träume ich?

Nein, ich träume nicht! Am Eingang des Lagers steht eine deutsche Militärkapelle und spielt für uns das Lied „Alte Kameraden".

Wir sind gerührt, Tränen rinnen über unsere ausgehöhlten Wangen.

Es ist ein Kriegsgefangenenlager. Deutsche Soldaten bieten uns diesen Empfang. Unsere Tränen gefallen ihnen nicht, daher weichen die Soldaten ins Scherzhafte aus. Das zweite Musikstück ist: „Es geht alles vorüber".

Einer nach dem andern trocknet seine Tränen, hier und da zeigt sich ein schwaches Lächeln.

18. August. Schon zwei Tage sind wir in Deutschland, wenn auch hinter Stacheldraht. Die gefangenen Soldaten sind sehr gut zu uns. Ebenso die russischen Offiziere. Richtig fassen können wir es immer noch nicht. Wir durften uns gründlich waschen und wurden noch einmal entlaust. Zu Essen gibt es reichlich, aber immer Graupen.

Die deutschen Soldaten zeigen großes Mitleid mit uns. Am liebsten würden sie uns in Watte packen. „Ihr armen Frauen! Ihr mußtet nach Sibirien, und uns ließ man hier!“

Am Nachmittag ist auf der Lagerwiese Konzert und Tanz. Lustige Operettenmelodien und Schlager erklingen. Ich sitze am Stacheldrahtzaun im Sonnenschein. Von irgendwoher habe ich ein Buch, das erste deutsche Buch, das ich seit langem lesen darf.

Es heißt, wir sollen drei Wochen lang zur Quarantäne und zur Erholung hierbleiben. In unserem Zustand könne man uns nicht wegschicken. Leider wird nichts daraus. Ein neuer Transport Heimkehrer wird gemeldet. Hals über Kopf müssen wir das Lager räumen.

In Hoyerswerda bekommen wir unsere Entlassungsscheine. Ich halte das Zettel in den Händen und weiß nicht, ob es wahr ist oder ob ich träume.

E n t l a s s e n !

„Nun danket alle Gott“, kommt aus rauhen Kehlen, so dankbar und innig. Wir sind in unserem geliebten Vaterland, wir sind frei, wir dürfen nach Hause!

Wir besitzen keine Papiere, nur den Entlassungsschein. Dieser enthält die Anweisung, daß wir uns bei der russischen Militäradministration in Berlin zu melden haben sowie den Vermerk, uns ungehindert passieren zu lassen. Vierzehn Tage benötigen wir, bis wir Berlin erreichen – hungernd, bettelnd, stehlend, von den eigenen Volksgenossen verspottet, nie unterstützt. Nachts schliefen wir auf gepflasterten Fabrikhöfen und Bahnsteigen. Aber was tat das, wo wir doch nach Elbing gingen!

Erst in Berlin erfahren wir, daß wir nicht mehr in unsere ostpreußische Heimat zurückdürfen ...

Aus: „Hungern und hoffen“, Reihe ZEITGUT, Bd. 10.

[Schönlanke, Westpreußen*) – Berlin – Halle – Eisenach – Würzburg – Fürth – Greding, Mittelfranken; Januar – Oktober 1945]

Hildegard Christoph

Freifahrt nach Bayern

Der Winter 1944/45 war äußerst hart. Die Ostfront rückte immer näher. Unsere Männer, Väter, Brüder und Söhne waren Soldaten. Niemals hätten wir uns vorstellen können, was im Januar 1945 auf uns zukommen würde.

Am 27. Januar, Kaiser Wilhelms Geburtstag, brachen russische Panzer in unser friedliches Städtchen Schönlanke ein. Einem Teil der Bewohner gelang es, noch rechtzeitig zu fliehen. Die klirrende Kälte machte den Russen wohl kaum zu schaffen, sie trugen warme Kleidung und dicke Filzstiefel. Die Soldaten fielen in die Häuser ein, raubten Schmuck und Uhren. Sich zu wehren war zwecklos. Die Soldaten schossen sofort.

In unserem Haus hielten sich etliche Nachbarn auf, denn alle Zurückgebliebenen suchten die Nähe und den Trost des anderen. Auch meine Cousine Hildegard aus Berlin war mit ihrem vierjährigen Sohn bei uns, sie war aus Berlin nach Schönlanke evakuiert worden. Nun wurde es noch enger. Wir versuchten, uns gegenseitig Mut zu machen.

Unsere Angst war jedoch so groß, daß wir vor Einbruch der Dunkelheit in ein Nachbarhaus in der Bergstraße, zu Familie Modrow, flüchteten. Frau Modrow schlug vor, uns gemeinsam in der nahegelegenen Brauerei Lehmann zu verstecken. Wir brachen auf und verbargen uns auf dem Dachboden der Brauerei. Die Frau des Brauereibesitzers

*) ehemalige Grenzmark Posen-Westpreußen, heute Trzcianka in Polen

tröstete uns. Zusammengekauert hockten wir in den Ekken auf dem harten Boden und versuchten, ein bißchen zu schlafen. Die ganze Nacht über wurde in der Stadt geschossen. Es schien, als flögen die Kugeln direkt um unsere Ohren. Meine Cousine besaß zwar eine Waffe, aber zu wenig Munition, um uns und sich zu erschießen. Mit Bangen erwarteten wir den nächsten Tag.

Frau Modrow, die Mutigste unter uns, suchte am Morgen die Brauereibesitzer-Eheleute, um mit ihnen abzusprechen, wie es weitergehen solle. Nachdem sie nirgends zu finden waren, verließen wir zunächst die Brauerei und gingen zurück in das Haus von Frau Modrow. Schließlich fanden wir das Ehepaar ertrunken im Sudkessel der Brauerei. Sie hatten sich umgebracht. Wir bargen die toten Körper und begruben sie unter äußerster Anstrengung – der Boden war gefroren – im Brauereigarten.

Inzwischen waren wir 15 Personen im Modrowschen Haus. Großmutter Modrow lag krank im Bett, wir anderen plazierten uns um sie herum. Geschlafen wurde, sofern man konnte, auf dem blanken Fußboden. Meine Mutter hatte wenigstens noch ein paar Decken retten können. Wir hatten nur die Kleidungsstücke, die wir auf dem Leib trugen.

Die russischen Soldaten suchten überall nach jungen Frauen und Mädchen, schleppten sie in leerstehende Häuser und vergewaltigten sie. Sich zu sträuben half nicht, die Russen machten kurzen Prozeß und schossen. Ich war 24 Jahre alt.

Die Rote Armee beherrschte das Straßenbild. In den ersten sechs Wochen durften wir unsere Wohnungen nur selten verlassen. In der Stadt wurde eine Kommandantur eingerichtet, und die ersten Aufrufe an die Bevölkerung ergingen. Wir mußten uns zu Arbeitseinsätzen einfinden. Unsere Kleider, die wir seit dem 27. Januar trugen, waren schmutzig, aber warm. Wir hatten keine Sachen zum Wechseln, und es gab auch kein Wasser zum Waschen. Die spärlichen Mahlzeiten bereiteten wir mit sauberem Schnee zu.

Eine Ansicht aus der Nachkriegszeit. Schönlanke, ehemalige Grenzmark Posen-Westpreußen.

Als erstes verlangten die Russen von uns, die Einrichtungsgegenstände aus den Häusern herauszuholen und auf Handwagen zur Schule zu transportieren. Dort sortierten sie Möbelstücke, Porzellan, Glaswaren, Betten und andere Dinge und bereiteten alles für den Abtransport nach Rußland vor. Nähmaschinen, eine Rarität für die Russen, waren gesondert abzustellen. Das brachte uns auf eine Idee: Wir bauten die Schiffchen aus, so daß die Maschinen später nicht funktionierten.

Klaviere mußten wir zu dritt, ohne Gurte, aus den Häusern tragen, sogar aus oberen Etagen. Ich frage mich, wie wir damals das bloß geschafft haben? Die Natur hat es wohl so eingerichtet, daß der Mensch unter außergewöhnlichen Umständen übernatürliche Kräfte entwickelt, auch wenn er unterernährt ist.

In den verlassenen Wohnungen lagen oftmals Geldscheine herum. Wir konnten nicht ahnen, daß sie noch Monate später in Deutschland gültig sein würden. Das Geld wurde zusammen mit dem Unrat weggeworfen.

Die wenigen alten Männer, die noch in der Stadt waren,

wurden als Straßenwärter eingeteilt und mußten den Bewohnern die Aufträge der Russen übermitteln.

Eines Nachts kamen die Russen auch zu meiner Cousine und zu mir. Da wir die Haustüren nicht verschließen durften, hatten sie leichtes Spiel. Mit vorgehaltenen Maschinenpistolen befahlen sie uns aufzustehen. Sie trieben uns in ein freistehendes Haus. Da niemand wußte, was mit uns geschehen würde, rechnete meine Mutter mit dem Schlimmsten, denn Frauen und Mädchen waren, wie man hörte, nicht nur vergewaltigt, sondern auch umgebracht worden. Außer uns waren noch andere junge Frauen in das Haus verschleppt worden. Die Bestien fielen über uns her, immer wieder, die ganze Nacht hindurch, eine ganze Meute. Im Morgengrauen verschwanden sie. Wahrscheinlich hatten sie Angst vor ihren Vorgesetzten bekommen, die jedoch auch nicht viel besser waren als sie. Wir schlichen uns in die familiäre Runde zurück. Alle waren froh, daß wir lebend davongekommen waren. Aus Verzweiflung nahmen sich viele Schönlanker das Leben. Wir mußten die Erhängten abschneiden und begraben. Manchmal ganze Familien.

Obwohl die Stadt zu 60 Prozent zerstört war, gab es noch einige funktionstüchtige Bäckereien. Die Russen brachten Frauen dorthin und befahlen ihnen, Brot zu backen. Mehlvorräte gab es in den umliegenden Mühlen reichlich. Die erste Brotzuteilung betrug 200 Gramm je Tag. In langen Schlangen standen wir geduldig an.

Eines Tages holten uns die Ungeheuer wieder in ein leeres Haus, wir mußten für sie Hühner rupfen. Als Lohn erhielten wir nicht etwa ein Stück Hühnerfleisch, sondern wurden abermals vergewaltigt.

Im Bahnhof stand ein von den Russen beschossener Güterzug, der deutsche Soldaten und Flüchtlinge transportiert hatte. Er war nicht mehr weitergekommen. Zwischen den Leichen suchten wir nach Brot, so unerträglich war unser Hunger. Später mußten wir die toten Soldaten, Frauen und Kinder an einen größeren Platz bringen, wo die Leichen gestapelt wurden. Hätten wir doch bloß die Soldbücher der Soldaten an uns genommen, dann hätten wir später die Angehörigen informieren können. Aber keiner von uns glaubte, dieser Hölle lebend zu entkommen.

Es war inzwischen Anfang April. Plötzlich wurde ich zusammen mit anderen Frauen und Mädchen verhaftet. Wir wurden in einem ehemaligen, großen Getreidekeller festgehalten. Auf dem Boden lag geschnittenes Stroh, auf dem wir Frauen dicht an dicht hockten. Zum Stehen war das Gewölbe zu niedrig, zum Liegen war kein Platz. Wir trugen noch immer dieselben Sachen wie im Januar. Obwohl es jetzt schon wärmer war, hatte ich neben der Unterwäsche und den Strümpfen Rock, Bluse, Sommerkleid, Winterkleid und Mantel an, denn unser Haus hatten die Russen gleich zu Anfang besetzt.

Einmal täglich durften wir in den Hof, um dort in einer Ecke unser Geschäft zu verrichten. Wasser zum Waschen gab es nicht. Zu essen hatten wir nur das, was uns die Angehörigen brachten, und das war nicht viel, denn sie hatten ja selbst nur 200 Gramm Brot am Tag.

Meine Mutter setzte in ihrer Angst um mich alle Hebel in Bewegung, um mich hier herauszuholen. Sie hatte erfahren, daß eine ihrer Bekannten ein Verhältnis mit dem sowjetischen Kommandanten hatte. Mutter spürte diese Frau auf und bat sie, ein Treffen mit dem Kommandanten zu arrangieren. Als sie ihm dann wie zufällig auf ihrem Arbeitsweg begegnete, bettelte meine Mutter auf Knien, er möge meine Freilassung veranlassen.

Noch am selben Tag betrat der Aufseher den Keller und rief meinen Namen. Er drückte mir meine Kennkarte in die Hand und schob mich zusammen mit einer anderen jungen Frau hinaus auf die Straße. Wir konnten es nicht fassen: Wir waren frei! Vor Freude weinten wir.

Die Frauen und Mädchen, die im Keller verblieben waren, wurden drei Tage später nach Rußland verschleppt, wo sie unter menschenunwürdigen Bedingungen in Wäldern und in Kohlegruben arbeiten mußten. Die wenigen, die nach Jahren zurückkamen, waren meist ein Leben lang krank.

Meine Freundin Gertrud Maschke, stehend, und ich im Frühjahr 1943.

Nachdem wir auch die Leichen der gefallenen Sowjetsoldaten aus der Umgebung eingesammelt hatten, mußten wir auf dem Marktplatz von Schönlanke mit unserer Hände Arbeit ein Mausoleum errichten. Ich war bei dem Trupp, der für den Mörtel zu sorgen hatte. Gemauert wurde nach den Anweisungen unseres alten Zeichenlehrers, der davon allerdings genausowenig verstand wie wir. Fünf Soldaten mit aufgepflanztem Bajonett bewachten uns. Während der Arbeit durften wir nicht sprechen. Für das Transportieren und Bestatten der Leichen bekamen wir eine Sonderration Brot. Wir hätten gern auf die kleine Extrazuteilung verzichtet, wenn uns die Beisetzung der halbverwesten Leichen erspart geblieben wäre!

Das Fotoalbum hatte ich noch aus unserer Wohnung retten können. Erinnerung an glückliche Tage mit Sepp, meinem Mann, links, und meiner Freundin Gertrud während eines Heimaturlaubs 1943. Lange hatte ich nichts von Sepp gehört.

Schließlich wurde ich zusammen mit anderen Frauen zur Arbeit auf einen Bauernhof kommandiert. Das war eine geradezu erholsame Zeit. Wir mußten Kühe melken, buttern, die Tiere füttern und den Stall säubern. Abgesehen vom Anmarschweg am Morgen und vom Heimweg am Abend, wobei wir nur in Gruppen liefen, fühlten wir uns hier einigermaßen sicher. Der Hof lag außerhalb der Stadt, etwa vier Kilometer entfernt. Wenn die Russen die Butter und Milch abholten, versuchten sie, uns zu belästigen. Meine Mutter stellte sich schützend vor mich und behauptete, ich sei schwanger. So ließen sie meist von mir ab.

Auf dem Bauernhof kamen wir wieder etwas zu Kräften, denn ab und zu fiel für uns ein wenig ab. Auch Feldarbeiten mußten wir verrichten. Wir mähten das Getreide mit der Sense, brachten es ein und droschen es.

Inzwischen durften wir wieder in unser Haus. Die Russen hatten es zwar geräumt, uns aber ihren Unrat hinterlassen. In der Wohnung war alles demoliert: Schränke und Türen waren eingetreten, auf dem Wohnzimmertisch lag ein halber, mit Würmern übersäter Schafskadaver. Der Gestank war kaum zu ertragen! Über die Sofakissen huschten Ratten.

Im Keller, wo zahlreiche volle Weckgläser gestanden hatten, Mutter hatte im Jahr zuvor einen großen Vorrat angelegt, lag jetzt alles in Scherben: Marmelade, Obst, Fleisch, Gemüse, dazwischen Wäschestücke und Kleidung. Die Russen hatten alle Dinge, mit denen sie nichts anzufangen wußten, einfach die Kellertreppe hinabgeworfen. Wir holten heraus, was noch brauchbar war, und richteten uns ein paar Kleidungsstücke her. Inzwischen gab es wieder Wasser und Strom. Was für eine Wohltat! Endlich konnten wir ein wenig menschenwürdiger leben. Die Löcher in den Türen füllten wir mit Stoffresten aus. Als wir alles saubergemacht hatten, sah die Wohnung auch ohne die Teppiche, die die Russen fortgeschleppt hatten, wieder recht gemütlich aus. Wir waren froh, daß die schlimmste Zeit vorbei war.

Doch wie sollte es weitergehen? Uns erreichten keinerlei Informationen über das Geschehen in Deutschland.

Mitte August 1945 kam für uns der Wendepunkt. Von der polnischen Administration, die inzwischen die russische abgelöst hatte, bekamen wir ein Papier mit dem Vermerk: „Freifahrt mit der Reichsbahn nach Bayern." Nach Bayern deshalb, weil Sepp, mein Ehemann, von dort stammte. Wir hatten während des Krieges geheiratet. Das war die Ausweisung, der Verlust unserer Heimat.

Der Tag der Abreise rückte näher. Wir durften nur 25 Pfund Gepäck mitnehmen. Sorgfältig wählten wir aus unseren letzten Habseligkeiten die Stücke aus und nähten dafür aus einem alten Kartoffelsack einen Rucksack.

Am 16. August 1945 war es soweit. Meine Cousine, ihr vierjähriger Sohn, eine Tante, deren Mann im April 1945 von den Russen ans Eismeer, nach Murmansk, verschleppt worden war, meine Mutter und ich gingen schweren Herzens mit unserem Gepäck zum Bahnhof Schönlanke. Die Polen durchsuchten das Gepäck. Die Tante mußte ihren Bisamfellmantel, den sie zu einer Rolle, mit dem Futter nach außen, gewickelt hatte, und ihre bis dahin geretteten Silberbestecks abgeben. Wir anderen hatten ohnehin nichts Wertvolles dabei.

In einem alten Personenzug fuhren wir zunächst bis Kreuz.*) Dort stiegen wir nach drei Stunden Wartezeit in einen Güterzug um, der uns nach Berlin bringen sollte. Wir fanden eine leere Ecke, in der wir uns auf den Boden setzen konnten. Für die Fahrt nach Berlin, die normalerweise drei Stunden dauerte, benötigten wir 17 Stunden. Immer wieder hielt der Zug auf freier Strecke, um russische Soldaten mitzunehmen. Auch in unseren Waggon stiegen vier Soldaten ein. Sie versuchten, uns zu belästigen, doch wir konnten uns erfolgreich zur Wehr setzen.

In Berlin angekommen, wollten wir zu den Eltern meiner Cousine nach Grünau fahren. Wir fielen aus allen Wolken, als wir in der S-Bahn mit der alten Währung bezahlen mußten. Zum Glück hatten wir ein paar Reichsmark eingesteckt. Hätten wir doch bloß noch mehr Geldscheine in unseren Rucksack gepackt! Dann wären wir jetzt besser dran gewesen, denn in Berlin blühte an allen Ecken der Schwarzmarkt. Eine ganz andere Welt tat sich uns auf. Es gab bereits einiges auf Lebensmittelkarten zu kaufen.

Hildegard war froh, wieder bei ihren Eltern zu sein. Doch wir konnten nicht bei Onkel und Tante bleiben. Da unsere Fahrkarte nach Bayern ausgestellt war, bekamen wir hier keine Lebensmittelkarten. Die knappen Zuteilungen durften wir ihnen nicht noch schmälern. Wir mußten weiter. Aber wie sollten wir von Berlin nach Bayern kommen?

An einer S-Bahn-Station lernte ich zwei junge Frauen kennen, die planten, in Thüringen schwarz über die Grenze in die amerikanische Besatzungszone zu gehen. Wir beschlossen, uns ihnen anzuschließen, und verabredeten uns

*) heute Krzyż in Polen

am Anhalter Bahnhof. In dem völlig zerstörten Bahnhof stand ein langer Güterzug mit geschlossenen Waggons, alle mit Flüchtlingen besetzt. Um überhaupt mitzukommen, kletterten meine Mutter, die Tante, die zwei Frauen, die eine hatte ihren fünfjährigen Jungen dabei, und ich auf das Dach eines Waggons. In Halle mußten wir den Zug verlassen. Wir verbrachten die Nacht in einem nahen Bahntunnel. Am nächsten Tag fuhren wir in einem alten Personenzug bis Eisenach. Wir hatten Hunger, uns knurrte der Magen. Am Stadtrand von Eisenach versuchten wir, ein paar Kartoffeln zu ergattern. Die Leute verhielten sich uns gegenüber sehr ablehnend, wahrscheinlich hatten schon allzuoft Flüchtlinge bei ihnen angeklopft. Uns blieb nichts anderes übrig, als ihnen mit den Russen zu drohen, woraufhin sie für jeden eine Portion Kartoffeln herausrückten. Angst vor deren Rache hatten alle.

Wir folgten dem Plan der beiden jungen Frauen und marschierten in Richtung Demarkationslinie. In einer kleinen Gastwirtschaft trafen wir uns mit einem Mann, der uns gegen Bezahlung nachts über die Zonengrenze bringen sollte. Um 23 Uhr liefen wir los. Wir stießen an eine Wiese, auf der eine große Scheune stand. Hier, im sogenannten Niemandsland, seien wir in Sicherheit, meinte der Mann, wir sollten in der Nähe der Scheune den Morgen abwarten und dann in westliche Richtung weitergehen. Daraufhin kehrte er um und überließ uns unserem Schicksal.

Kaum war er 50 Meter entfernt, standen schon bewaffnete Russen vor uns und riefen: „Stoi!“

„Jetzt ist alles verloren!“ dachten wir. Die Tante, eine Wolgadeutsche, verstand einigermaßen, was die Soldaten sagten, und sie schaffte es mit guten Worten, daß sie uns in Ruhe ließen. Etwa drei Stunden brachten wir im Halbschlaf zu, bis die nächsten Russen kamen und mit uns jungen Frauen in die Scheune gehen wollten. Aber wir wehrten uns erfolgreich mit Händen und Füßen.

Bei Tagesanbruch überquerten wir einen Bachsteg und hatten bald das erste westwärts der Zonengrenze gelegene

Dorf erreicht. Wir baten den Bürgermeister um Einlaß in seine Scheune, um etwas ausruhen zu können. Er schickte uns jedoch in das sieben Kilometer entfernte Hasenfeld, da er hier in Grenznähe keine Flüchtlinge aufnehmen durfte. Der kleine Junge, den wir abwechselnd tragen mußten, weil er gerade eine schwere Krankheit überstanden hatte, weinte vor Hunger und Müdigkeit. Nur mit Mühe schafften wir den beschriebenen Weg.

Es war Sonntag. Auch hier meldeten wir uns beim Bürgermeister. Er bat uns in die Küche, seine Frau kochte für uns Kaffee und reichte dazu Brot und Marmelade. Wir hatten einen Bärenhunger und großen Durst und waren glücklich, unversehrt im amerikanischen Sektor angekommen zu sein. Der Bürgermeister gab uns Lebensmittelkarten. Später verabschiedeten wir uns von den beiden jungen Frauen und dem Kind, sie schlugen eine andere Richtung ein. Die Nacht verbrachten wir in der Scheune.

Am anderen Morgen durften wir mit dem Milchauto, auf den Kannen sitzend, nach Hünfeld fahren. Allmählich wich die Angst, die uns über Monate hinweg begleitet hatte. Ausgemergelt, aber beruhigt konnten wir jetzt unseren Weg fortsetzten. In Hünfeld stellten wir uns an den Straßenrand und hofften, daß uns ein Autofahrer mitnahm. Der Fahrer eines Langholztransporters erbarmte sich und ließ uns auf den Baumstämmen aufsitzen.

Unser Ziel war Greding, ein kleiner Ort zwischen Nürnberg und München, wo die Familie meines Mannes herstammte. In Würzburg fanden wir wegen der großen Schuttberge kaum einen Weg, so zerstört war diese Stadt. Wieder hatten wir Glück, mit einem LKW konnten wir bis Fürth mitfahren. Hier nahm uns meine Schwägerin Betty herzlich auf. Die Verwandten hatten schon geglaubt, wir seien verschollen.

Meine erste Frage galt meinem Mann. Ich hatte lange Zeit nichts von ihm gehört, wußte nur, daß er gegen Kriegsende als Sanitäter auf einem Lazarettzug eingesetzt war. Betty konnte mich beruhigen: Mein Mann war bereits bei seinen Eltern in Greding. Um dorthin zu gelangen, mußten wir erst zu Fuß bis Nürnberg. An öffentliche Verkehrsmittel war nicht zu denken. Südlich von Nürnberg konnte man vielleicht mit einem LKW in Richtung München weiterkommen. Wir durften schließlich auf der mit Stroh ausgelegten Ladefläche eines Viehtransporters mitfahren.

Die letzten Kilometer unserer weiten, beschwerlichen Reise lagen jetzt vor uns. Fast vier Wochen hatte sie gedauert. Am 11. September 1945 kamen wir völlig entkräftet in Greding an. Wir hatten nur einen Wunsch: uns auszuschlafen. Die Schwiegereltern erkannten uns nicht. Was für eine Überraschung, als sie begriffen, wer vor ihnen stand!

Trotz aller Freude, daß wir es geschafft hatten, gab es für mich auch eine traurige Nachricht. Mein Mann saß seit drei Wochen mit anderen Gredingern in Hilpoltstein, der Kreisstadt, im Gefängnis. Nachdem ich mich etwas ausgeruht hatte, fuhr ich mit einem geliehenen Herrenfahrrad die 26 Kilometer bis Hilpoltstein, um meinen Mann zu besuchen. Er war überglücklich, denn er hatte den letzten Funken Hoffnung auf ein Wiedersehen fast aufgegeben.

Im Oktober 1945 ließen die Amerikaner alle Gefangenen frei. Jetzt konnten wir beginnen, uns eine Existenz aufzubauen.

Aus: „Täglich Krieg", Reihe ZEITGUT, Bd. 9.

[Ruhheim, Kreis Mogilno – Stettin –
Konikow bei Köslin*);
Januar 1945]

Gisela Schoon

„Alles raus, so schnell es geht!“

War ich wirklich so taub und blind gewesen gegenüber den ersten Anzeichen der Unruhe im kleinen deutsch-polnischen Dorf Ruhheim im ehemaligen Warthegau?

Voller Begeisterung war ich, 18jährig, im Januar 1945 aus den Weihnachtsferien zurückgekehrt in meinen ersten schulpraktischen Einsatzort. Die Ferienzeit hatte ich, wie immer, in meinem Heimatdorf Konikow in Ostpommern verlebt. Hier nun hatte ich nur Augen und Gedanken für die mir anvertrauten 24 deutschen Kinder im Alter von sechs bis vierzehn Jahren. Sie kamen täglich zu mir in die Schule und sollten gefördert werden in Deutsch, im Rechnen, in Heimatkunde, Geschichte und Erdkunde. Malen, Zeichnen, Sport und Spiel plante ich nach Möglichkeit mit ein. Meine Tage und Abende waren voll ausgefüllt, und nur so kann ich es mir heute erklären, daß ich eines Morgens ahnungslos überrascht wurde.

Die Kinder stürmten in die Schule und riefen aufgeregt: „Fräulein Wendt, wir müssen alle raus, so schnell es geht! Unsere Eltern sagen, wir müssen auf Planwagen und Schlitten und können nur das Notwendigste mitnehmen!“

Ich schickte die Kinder nach Hause und war mir nicht sicher, ob ich das durfte. Als ich mich draußen umschaute, bot sich mir ein chaotisches Bild: Um den sonst so friedlichen Dorfweiher fuhren unter Schreien und Peitschenknal-

*) heute Mogilno – Szczecin –Konikowo bei Koszalin in Polen

Vor unserer Lehrerinnenbildungsanstalt in Exin bei Bromberg), Warthegau. In der vorletzten Reihe, direkt vor dem ganz oben stehenden Mädchen, stehe ich. Die vier gemeinsamen Ausbildungsjahre fern von zu Hause schmiedeten uns fester zusammen als Klassen anderer Schularten. Obwohl wir durch die Flucht oder spätere Ausweisung sehr verschiedene Lebenswege hatten und in alle Teile Deutschlands verschlagen wurden, treffen wir uns noch heute regelmäßig.*

len Fuhrwerke auf, Männer und Frauen warfen Truhen und Hausgeräte auf die Wagen. Graue Plane wurden über die Wagen gezogen und befestigt. Kleine Kinder schrien jämmerlich. Ich eilte zu meiner Bauernfamilie, bei der ich täglich zu Mittag aß.

Die Mutter schwenkte ein Gewehr über den Köpfen der sich an sie drängenden Kinder und schrie mit sich überschlagender Stimme: „Ich schieße alle tot! Erst die Kinder und dann mich! Es ist zu spät! Die Russen schonen uns nicht und die Polen auch nicht!"

Als sie mich wahrnahm, rief sie mir zu: „Machen Sie schnell! Packen Sie einen Koffer, mehr nicht. Sie können bei den Kindern auf dem Schlitten sitzen."

---

*) heute Kcynia bei Bydgoszcz

Ich rannte zum Schulhaus. An der Straße sah ich einige schwarzmeerdeutsche Frauen hocken. Ihre langen Röcke bauschten sich über verschnürten Kartons. Dicke Jacken hielten sie bei der eisigen Kälte von über 20 Grad minus vorn zu. Wie immer hatten sie bunte Tücher um die Köpfe geschlungen. Ängstlich und besorgt musterten sie mich.

Die Frau, die ich zur Reinigung der Schule eingestellt hatte, rief: „Fräulein, wissen Sie, wann wir abgeholt werden? Ein Lastwagen soll uns mitnehmen – wenn der nicht kommt, sind wir verloren.“

Ich lief die Treppe zu meiner Wohnung hinauf. Ein Koffer war schnell gefüllt. Vor dem Schreibtisch blieb ich stehen. Die Schulkasse: 124 Mark ... Sollte, durfte ich das Geld an mich nehmen?

Ich steckte es ein zusammen mit dem Einberufungsschein zu einem Fortbildungsseminar, der mich als Schulpraktikantin einer Lehrerinnenbildungsanstalt im fünften Ausbildungsjahr identifizierte. Das erwies sich später als glücklicher Zufall. Mit meiner Kleidung für unterwegs hatte ich nicht soviel Glück. Mein dunkelblauer Lieblingsmantel, der so schlank machte, hielt die Kälte nicht ab. Das neue Pelzbarett, ein Weihnachtsgeschenk, schützte nur das eine Ohr. Das andere fror erbärmlich. Nur die gefütterten Lederstiefel hatte ich richtig gewählt. Als ich den Koffer an den wartenden Frauen vorbeischleppte, rief ich ihnen zu, sie könnten sich von meinen Sachen nehmen, was sie brauchten. Im selben Moment wurde mir die Sinnlosigkeit bewußt. Den armen Menschen konnte ich so nicht helfen.

Die deutschen Bauernfamilien brachten in großer Hast ihre Fuhrwerke und Pferdeschlitten auf den Weg. Ein geordneter Zug mit verzweifelten Menschen setzte sich in Bewegung. Nach den ersten emotionalen Ausbrüchen gab es nichts mehr zu sagen. Nur ein „He“ und „Ho“, das den Pferden zugerufen wurde, war zu hören. Der Atem von Mensch und Tier stand in der eisigen Luft. Plötzlich hielt der Treck. – Treck! Dies Wort war auf einmal da und bekam eine unheilvolle Bedeutung.

Von den Seitenstraßen und Wegen preschten Pferdewagen heran und versuchten mit Gewalt, auf die Hauptstraße zu kommen. Pferde bäumten sich auf. Mein Gott, ein Wagen kippte in den verschneiten Strassengraben! Nun war es ein Segen, daß der Treck stand. Die Menschen hatten Zeit, sich zu helfen.

Plötzlich hielt ein Reiter neben unserem Schlitten. Ich wurde angesprochen: „Was machen Sie noch hier? Sie könnten doch längst weg sein. Wir schaffen es nicht mehr. Sehen Sie nur vor uns die Wagenketten, so geht das unendlich weiter. Alle sind auf einmal unterwegs, und das viel zu spät. Wenn ich Ihnen einen Rat geben darf, versuchen Sie, alleine durchzukommen.“

Zwei junge Mädchen eilten neben ihren Fahrrädern her und überholten unseren stehenden Treck. Eines drehte sich um, und wir erkannten uns. Es war Magda aus meiner Klasse der LBA Exin. In hektischer Aufregung rief sie: „Gila, besorg’ Dir ein Fahrrad, so kommst Du hier nicht mehr raus. Bei uns brennen schon die Häuser!“

Geschockt blieb ich zurück. Ich dachte an meine Klassenkameradinnen, die alle auf der Flucht sein mußten, jede auf sich allein gestellt. Ich entschloß mich, es auch zu versuchen. Auf dem verschneiten Feld neben der Straße entdeckte ich einen Pferdeschlitten, der näherkam. Ich lief auf ihn zu und wurde auf meine Bitte hin mitgenommen. Hinten auf dem Schlitten lag unter weißen Laken versteckt ein geschlachtetes Schwein. Nach einer geraumen Zeit ließ mich der Kutscher aussteigen. Ich lief wieder zur Straße. Dort fuhren Wehrmachtsautos an den stehenden Treckwagen vorbei. Die fuhren ja in Richtung Heimat! Bedeutete das Rückzug? War das leise Donnergrollen ein Zeichen für die nahende Front?

Rücksichtslos rollten die schweren Fahrzeuge vorüber und verschafften sich freie Bahn. Wieder sah ich mit Entsetzen, wie ein Wagen zur Seite gedrückt wurde und umkippte. Hab und Gut sanken in den Schnee. Kleine Kinder, in Decken eingewickelt, purzelten mit. Nach den ersten

Schrecksekunden begannen sie erbärmlich zu schreien. „Was für ein Elend“, dachte ich.

Mutter und Großmutter hoben sie auf und trösteten sie.

Ich mußte weiter. Ich lief hinter einem offenen Laster her und streckte den Soldaten die Hände entgegen. Oh, mein Gott, ich schaffe es nicht! Ich rannte und rannte. Endlich wurde ich von starken Armen hochgezogen.

Eine väterliche Stimme redete auf mich ein: „Noch mal Glück gehabt, was Mädchen? Aber für lange ist's nicht. In der nächsten Stadt mußt du allein weiterkommen. Vielleicht fährt noch ein Zug. Aber viel Hoffnung hab' ich da nicht.“

Dort angekommen, fragte ich den ersten Menschen, der mir begegnete, nach dem Bahnhof. Feindliche Blicke trafen mich, harte polnische Worte erschreckten mich.

Ich fand den Bahnhof. Auf dem Bahnsteig standen zurückgelassene Koffer und Pakete in langen Reihen ...

„So, Gisela, du bist nicht die einzige, die nichts mitnehmen kann.“ Ich betrachtete meine kleine Wandertasche, mehr hatte ich nicht gerettet ...

Die Menschen hingen wie Trauben am Zug. Ich klemmte mich auf die unterste Stufe eines Trittbretts.

„Der letzte Zug fährt ab!“ rief eine laute Männerstimme.

Aber es dauerte und dauerte, der Zug stand und stand. Ich fürchtete schon, er würde niemals loskommen.

Da! Er setzte sich in Bewegung. Hohe Feuersäulen stiegen auf gegen den abendlichen Himmel. An vielen Stellen brannte es. Inzwischen stand ich auf der Plattform. Wie durch ein Wunder schoben sich die vielen Menschen immer weiter in das Abteil hinein. Ich fand einen engen Stehplatz an der geöffneten Tür eines Abteils.

Eine Mutter strich Brote für ihre zahlreiche Kinderschar. Ich muß ihr wohl gebannt zugeschaut haben, denn unvermittelt reichte sie mir eine Schnitte zu. Verwirrt bedankte ich mich. Hunger meldete sich, mir fiel ein, daß ich noch gar nichts gegessen hatte den ganzen Tag.

Die Stunden vergingen in gleichmäßiger, beruhigender Fahrt. Plötzlich hielt der Zug. Kein Ort, nur verschneite Felder leuchteten im fahlen Mondlicht. Warum ging es nicht weiter?

Es war niemand da, den man hätte fragen können.

„Tiefflieger, russische Tiefflieger!“

Wer hatte das aufgebracht? Wir wären ein nicht zu verfehlendes Ziel. Unruhe steigerte sich zur Panik. Einige Mütter ergriffen ihre Kinder und liefen über das weiße Feld auf ein nahe gelegenes Wäldchen zu, um Schutz zu suchen. Motorengeräusche in der Luft verbreiteten lähmendes Entsetzen. War das unser Ende?

Die Geräusche wurden leiser und alle atmeten auf. Nun fuhr der Zug wieder an. Die Ausgestiegenen wurden ihrem Schicksal überlassen. Alles Rufen konnte die Weiterfahrt nicht aufhalten. Der Zug hielt noch viele Male in dieser Nacht. Aber am Morgen fuhren wir in Stettin ein, der Hauptstadt meines lieben Pommerlandes.

„Alles aussteigen!“ ertönte eine laute Stimme.

Ein Gewirr von Menschen überflutete den Bahnsteig. Aus dem großen Durcheinander hörte ich immer wieder die Rufe heraus: „Weiter nach Westen, so weit wie möglich nach Westen!“ – Ich nicht, ich wollte nach Hause zu meiner Mutter und meinen Schwestern in mein Heimatdorf nahe Köslin. Daß mein Vater nicht daheim sein würde, das wußte ich. Er war, wie viele ältere Männer unseres Dorfes, zur Organisation Todt eingezogen worden. Er mußte Tiefbauarbeiten leiten, nahe der pommerschen Grenze zu Polen Schützengräben ausheben.

Ich fand einen Zug, auf dem „Köslin–Stolp“ zu lesen war. Frohgemut stieg ich ein. Also fuhr noch ein Zug dorthin. Gott sei Dank. Im Abteil saßen nur Soldaten, die mich verwundert anstarrten. „He, Mädchen, du sitzt im falschen Zug ... Was, du willst nach Köslin? Da ist der Russe! Kolberg ist eingekesselt! Deine Leute sind längst raus, wenn sie Glück gehabt haben. Also steig schnell wieder aus! Wir können nicht anders, wir müssen hin.“

Wo aber sollte ich denn dann hin? Ich klammerte mich an ein Fünkchen Hoffnung. Vielleicht verlief die Front weiter südlich, und ich würde mein Zuhause noch vorfinden. Es mußte einfach so sein.

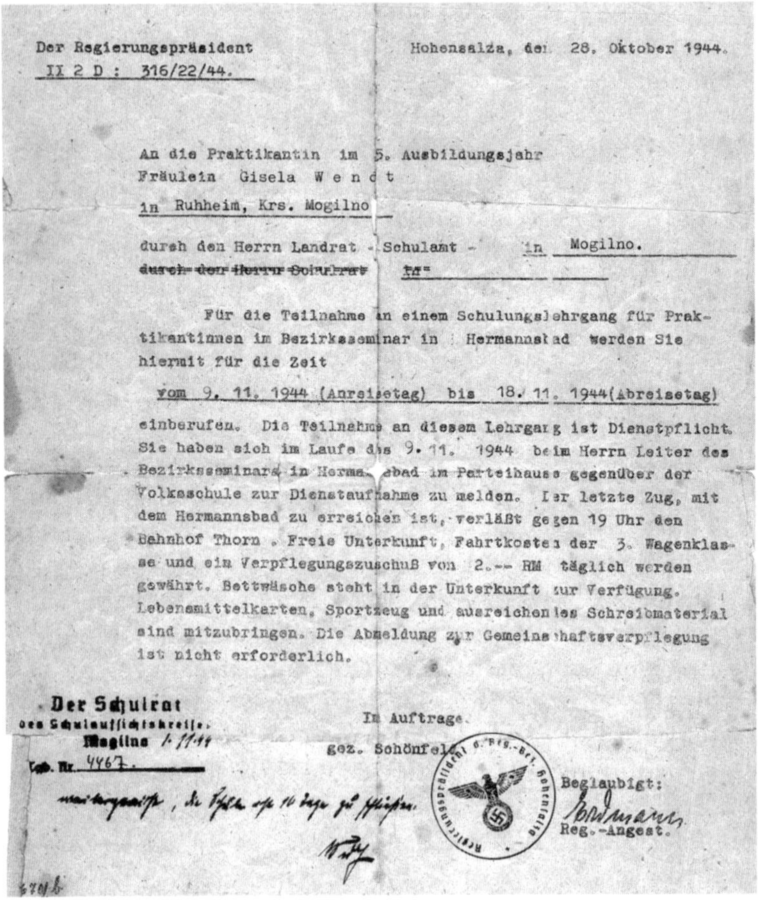

Der Regierungspräsident
II 2 D : 316/22/44.

Hohensalza, den 28. Oktober 1944.

An die Praktikantin im 5. Ausbildungsjahr
Fräulein Gisela W e n d t
in Ruhheim, Krs. Mogilno

durch den Herrn Landrat - Schulamt - in Mogilno.
~~durch den Herrn Schulrat~~ ~~in~~

Für die Teilnahme an einem Schulungslehrgang für Praktikantinnen im Bezirksseminar in Hermannsbad werden Sie hiermit für die Zeit

vom 9. 11. 1944 (Anreisetag) bis 18. 11. 1944 (Abreisetag)

einberufen. Die Teilnahme an diesem Lehrgang ist Dienstpflicht. Sie haben sich im Laufe des 9. 11. 1944 beim Herrn Leiter des Bezirksseminars in Hermannsbad im Parteihause gegenüber der Volksschule zur Dienstaufnahme zu melden. Der letzte Zug, mit dem Hermannsbad zu erreichen ist, verläßt gegen 19 Uhr den Bahnhof Thorn. Freie Unterkunft, Fahrtkosten der 3. Wagenklasse und ein Verpflegungszuschuß von 2.-- RM täglich werden gewährt. Bettwäsche steht in der Unterkunft zur Verfügung. Lebensmittelkarten, Sportzeug und ausreichendes Schreibmaterial sind mitzubringen. Die Abmeldung zur Gemeinschaftsverpflegung ist nicht erforderlich.

Der Schulrat
des Schulaufsichtskreises
Mogilno 1.11.44
Tgb. Nr. 4467.

Im Auftrage.
gez. Schönfeld

Beglaubigt:
Reg.-Angest.

Der Einberufungsschein zu einem Fortbildungsseminar nach Hermannsbad, der mich als Schulpraktikantin einer Lehrerinnenbildungsanstalt im fünften Ausbildungsjahr identifizierte, hat auf der Flucht nach Pommern und dann von Pommern nach Ostfriesland (1. bis 18. März 1945) viel mitgemacht. Aber er erleichterte mir den Einstieg in den Lehrerberuf in Ostfriesland 1945.

Um Mitternacht erreichten wir Köslin. Ich stieg aus. Friedliche Stille umfing mich. Die Stadt lag in völliger Dunkelheit. Ach ja, es war Verdunkelungspflicht wegen der Luftangriffe. Ich suchte die Straße, die zu meinem Dorf führte. Zu beiden Seiten türmten sich hohe Schneewehen, genau so, wie in meinem Weihnachtsurlaub. Oh, ich war so dankbar, ich war so erleichtert, den Heimweg gehen zu können!

Die letzten Kilometer lief ich immer schneller. Dann stand ich vor meinem Elternhaus. Das Gefühl kann ich nicht beschreiben. Meine Mutter, die mich so fand, erzählte später über diesen Augenblick: „Giselchen stand andächtig da, mit gefalteten Händen und schaute immerfort auf unser Haus."

Wir weinten alle vor Freude. Im Haus duftete es nach Mamas herrlichen Rosinenkranzkuchen. Ich stand in der Nacht wohl fünfmal auf, um mir immer noch ein Stückchen abzuschneiden. „Iß nur, es ist genug da", sagte meine Mutter, „ich backe oft, damit ich den armen Menschen, die hier auf den Trecks aus Ost- und Westpreußen durchziehen, ein bißchen abgeben kann. Sie tun mir so leid. Ich helfe ihnen, wo ich kann. Wenn wir nur nicht selber wegmüssen ..."

Dieser Wunsch sollte leider nicht in Erfüllung gehen.

Aus: „Wir wollten leben", Reihe ZEITGUT, Bd. 5.

[Köslin*), Pommern;
Januar 1945]

Astrid Schäfer

Der Lazarettzug

Warum hat Mutter so lange gewartet? Heute weiß ich, daß es die übergroße Angst davor war, eine scheinbare Sicherheit aufzugeben und im Winter 1945 mit vier kleinen Kindern ins Ungewisse aufzubrechen.

Ich lebte mit der Mutter, der Großmutter und den drei Brüdern während des Krieges an der pommerschen Ostseeküste in Jamunel. Meine Familie besaß ein Sommerhaus direkt am Meer und eine Stadtwohnung in Köslin.

Auf dem Land litten wir keine Not, da wir Gemüse, Milch, Eier und Kartoffeln von dem nahen Gut des Grafen Henning von Borke bekamen. Der Name ist mir so sicher im Gedächtnis, da meine Mutter ihn häufig erwähnte und mein jüngster Bruder den Vornamen dieses Mannes erhielt.

Aus den Großstädten Berlin und Hamburg wurden Cousinen und Cousins zu uns aufs Land geschickt. Für sie waren die Städte, in denen Hunger und Gewalt lauerten, zu gefährlich geworden. Mein Vater war, wie alle Väter, irgendwo für das Vaterland unterwegs. An seine Besuche habe ich keine Erinnerung, er hatte sich für mich in den Nebeln des Krieges aufgelöst.

In diesem ungewöhnlich kalten Januar mit minus 30 Grad, mein kleiner Bruder war gerade fünf Monate alt, hörte ich die Erwachsenen reden: „Wir müssen weg, die Russen kommen, es ist die letzte Möglichkeit."

*) heute Koszalin in Polen

Wer sind die Russen, und warum müssen wir weg? dachte ich. Als kleines Mädchen verstand ich die Gespräche der Erwachsenen nicht.

– Bis eines Morgens alles aus den Fugen geriet. Meine drei Geschwister und ich wurden früh geweckt, doppelt und dreifach angezogen, einige Koffer waren schon gepackt. Meine Mutter nähte Geld, Papiere und Schmuck in das Futter des Kinderwagens ein. Ich stolperte mit einer nervösen Großmutter, einer uns antreibenden Mutter und einem schreienden kleinen Bruder durch den frühen Morgen in Richtung Güterbahnhof.

Dort stand ein langer Zug mit großen, roten Kreuzen auf den Dächern der Waggons. Für mich sah er aus wie eine riesige Schlange, und ich fühlte eine schreckliche Angst mich umklammern.

Ich wurde in einen Waggon gehoben, wo mir stickige Luft in Augen und Nase drang, und ich erst nach einer Weile meine Umgebung erfassen konnte.

Ich sah überall Männer liegen, Männer mit durchgebluteten Verbänden, stöhnende Männer, apathische Männer. Ich fing an zu zittern. Der Zug war ein einziges Lazarett, ein Lazarettzug mit großen, roten Kreuzen auf den Dächern der Waggons.

Hier, inmitten dieser für mich schrecklichen Männer, wo Mutter und Großmutter meine Anwesenheit nicht mehr zu spüren schienen, fühlte ich mich völlig verloren. Ich saß in einer Ecke, allein gelassen mit meinen Ängsten und Bedürfnissen. Die Realität existierte für mich nicht mehr. Ich sagte nichts, weinte nicht, war einfach nur erstarrt.

Die Odyssee durch Deutschland dauerte unendlich lange, und viele der Soldaten erreichten ihren Zielbahnhof nicht.

Ich erlitt in diesem Todeszug ein Trauma, das mir in meinem späteren Leben oft zu schaffen machte.

Aus: „Gebrannte Kinder", Reihe ZEITGUT, Bd. 1.

[Hammerstein bei Neustettin – Belgard*), Pommern;
März 1945]

Karl Radtke

Begegnung mit einem Engel

Plötzlich brechen ein paar Strahlen der tiefstehenden Märzensonne durch die dunklen bedrohlichen Wolkenmassen und treffen mein Gesicht. Ich hocke immer noch mit angezogenen Knien auf dem schmutzigen Parkettboden in der äußersten Ecke eines der vielen ausgeräumten Zimmer dieses ehrwürdigen Bürgerhauses. Der zurückgelehnte Kopf hat in dem Winkel der aufeinandertreffenden tapezierten Wände Halt gefunden. Ich mußte wohl vor Erschöpfung eingeschlafen sein. Aber der Sonnenstrahl hat mich wieder zurückgeholt in die grausame Wirklichkeit.

Links neben mir liegt noch immer mit gefalteten Händen der alte weißhaarige Mann auf dem nackten Fußboden, unter seinem Kopf die verschlissene Aktentasche. Von Zeit zu Zeit gibt er murmelnd unverständliche Laute von sich. Mir diagonal gegenüber stiert der Einarmige nach wie vor mit erloschenen Augen zur weißen Stuckdecke empor. Langsam kriecht die Angst, von der mich der Minutenschlaf kurzzeitig erlöst hatte, wieder in mir hoch.

Wohin ich auch blicke, überall das gleiche Bild: Männer, mehrheitlich jenseits der Fünfzig, ein paar Jungen, zu denen auch ich zähle, kurzum solche, die für das Kriegshandwerk nicht mehr oder noch nicht tauglich gewesen waren, jetzt aber hier der Rache des Siegers anheimfallen.

Mich fröstelt. Obwohl der Winter eine Pause eingelegt

*) heute Czarne bei Szczecinek – Białogard in Polen

hat, durchzieht die ungeheizten Räume eine feuchte Kälte. Langsam und umständlich erhebe ich mich und durchstreife, zum wievielten Male, die Zimmer der oberen Etage, in der wir Unglücklichen zusammengepfercht sind. Nirgends ein bekanntes Gesicht. Auch der Blick aus dem Fenster zeigt mir das Bild einer vom Kriege heimgesuchten fremden Stadt.

Aber da, jetzt kommt Leben in das Bild. Auf der Straße vor dem Bürgerhaus treiben Zivilisten mit roten Armbinden neue Opfer heran.

Nach wenigen Minuten tritt die mir schon bekannte Dolmetscherin aus dem Haus. Sie trägt die Uniform der Roten Armee. Ihre Rede in gebrochenem Deutsch dauert nicht lange. Sie klingt immer gleich kalt, zynisch und unbarmherzig: „Morgen marschieren alle in die Sowjetunion. Jeder muß Essen für zwei Wochen und warme Kleider mitnehmen. Wenn Euch keiner was bringt, marschiert Ihr ohne."

Dann poltern die Gefangenen die breite Holztreppe herauf. Plötzlich ein verhaltener Schrei hinter mir. Zwei kräftige Hände drängen mich zur Seite, ein Körper schiebt sich vor und reißt einen schmächtigen bärtigen Ankömmling an sich. Ein Stöhnen dringt aus dem Menschenknäuel, und hin und wieder zuckt es, wie von Krämpfen geschüttelt. Ich drehe mich um, schleiche in meine Ecke und denke: „Sie sind wenigstens zu zweit."

Bei der letzten Runde von Fenster zu Fenster kommen mir die abenteuerlichen Fluchten der Helden meiner Jugendbücher in Erinnerung. Welchen Weg in die Freiheit, der etwas größeren Freiheit außerhalb dieser Mauern, hätten sie wohl gefunden? Aus den Gesprächsfetzen der lebenserfahrenen älteren Mitgefangenen entnehme ich die deprimierende Einsicht, daß uns nur noch ein Wunder retten könne. Doch darauf kann ich angesichts der negativen Erfahrungen vergangener Wunderversprechungen nicht mehr hoffen. Ob Zarah Leander an das glaubte, was sie sang: „Ich weiß, es wird einmal ein Wunder gescheh'n..."?

Aber grenzte es nicht an ein Wunder, daß wir zu viert die Flucht aus dem heimatlichen Hammerstein im eisigen Winter und den Feuersturm der uns überrollenden Roten Armee überlebt hatten? Doch, unter der Willkür der Sieger aus Polen, Frankreich, Rußland und Asien, der wir jetzt täglich ausgeliefert waren, zerbrach der letzte Hoffnungsfunken.

Heute morgen hatte ich dem Befehl des Militärkommandanten, der unübersehbar auf gelbem Papier an Hauswänden und Litfaßsäulen klebte, nachkommen wollen. Ich war losgegangen, meine Mutter, die beiden Geschwister und mich in der Kommandantur anzumelden, die in einem unversehrten ehemaligen Verwaltungsgebäude eingerichtet worden war. In wenigen Minuten hatte ich den Weg vom Pfarrhaus, in dem wir untergekommen waren, zur Stadtmitte zurückgelegt. Unschwer war der Sitz der Militärverwaltung zunächst an der roten, mit Hammer und Sichel geschmückten Fahne, und, bei genauerem Hinsehen, an dem gleichfarbigen Transparent unterhalb der oberen Fensterreihe zu erkennen. Darauf stand, für mich allerdings nur zu erahnen, in weißen, kyrillischen Buchstaben das Wort KOMAHDATYPA (Kommandantur) – ein befremdliches Bild, das mir Unwohlsein einflößte.

Die Menschenschlange vor dem Portal des Hauses versöhnte mich dagegen fast schon wieder, weckte sie doch Erinnerungen an Kino, Theater, Freunde und Spaß, auch an Sonderzuteilungen. Wortlos stellte ich mich an das Ende des Menschenwurmes, der wie abgestorben schien. Er lag stumm, mit kaum bemerkbaren Gleitbewegungen neben dem Gehweg auf der Fahrbahn. Die Litfaßsäule rechts auf dem Bürgersteig kam mir vor wie ein Meilenstein aus Gullivers Welt, auf dem sich allmählich ein gelber Fleck abzeichnete. Und nach geraumer Zeit konnte ich auf diesem das Wort „Befehl“ entziffern. Der Wurm bewegte sich also doch. Ab und zu versuchte ich verstohlen, etwas Menschliches in diesem wolligen stummen Ungetüm zu entdecken. Vielleicht regte sich doch etwas unter dem dicken Panzer

Auf diesem Foto aus dem Jahr 1944 bin ich 15 Jahre alt. Ich trage die Arbeitskleidung der Lehrerbildungsanstalt Treptow/Rega).*

aus Tüchern, Schals, Mänteln? Indes, nur Angst und Entsetzen stand in die alten und jungen alten Gesichtszüge dieser dunklen Statuen geschrieben.

Um so mehr erschrak ich, als mir ganz unvermittelt, in Höhe der Litfaßsäule, von hinten eine Frauenstimme zuflüsterte: „Junge, dreh dich nicht um, hör gut zu! Die Russen suchen seit heute morgen in der Stadt nach deutschen Männern. Sie werden nach Sibirien verschleppt. Du bist hier in großer Gefahr. Hau ab! Versteck dich!“

Unwillkürlich zog ich meine Mütze tiefer ins Gesicht und schlug den Jackenkragen hoch, gleichförmiges Segment dieses Wurmes werdend und nach Fluchtmöglichkeiten Ausschau haltend. Dabei fiel mein Blick wieder auf das gelbe Plakat. Jetzt konnte ich den Befehl deutlich lesen: „Alle deutschen Männer vom 16. bis zum 60. Lebensjahr haben sich...“ Mir fiel ein Stein vom Herzen, war ich doch erst 15 Jahre alt.

Aber das Unheil nahm schon seinen Lauf: Plötzlich dran-

*) heute Trzebiatów in Polen

gen aus beiden Richtungen der Straße mit Stöcken bewehrte Männertrupps auf die Menschenschlange vor und nahmen jede Person in Augenschein. Die bedrückende Stille war lautem Reden, gemeinem Grölen und lästerlichem Fluchen gewichen. Dann rissen mich auch schon zwei abenteuerlich uniformierte Burschen aus der Schlange heraus und stießen mich unter unverständlichem Gefluche auf die gegenüberliegende Straßenseite. Am Ende ihrer Aktion hatten sie ein rundes Dutzend der verhaßten Deutschen aus dem dunklen Menschenwurm herausgerissen.

Nachdem ich mich einigermaßen gefangen hatte, wartete ich bewußt auf einen Moment, wo ich den Häschern mit Hilfe meines Ausweises klarmachen konnte, daß ich doch noch zu jung sei. Als ich aber die Brutalität erlebte, mit der ein älterer Mann seinen Einspruch büßen mußte, ergab ich mich in mein Schicksal.

Der Marsch zur Sammelstelle verlief ruhig. In mir wuchs von Minute zu Minute die Hoffnung, das Versehen aufklären zu können. Irrtum! Niemand ließ mich überhaupt zu Wort kommen. Von jetzt an hatten wir zu schweigen und zu ertragen.

Stundenlang sitze ich nun schon in diesem Käfig. Meine lebensbedrohliche Situation wird mir immer mehr bewußt. Ohne ein Stückchen Brot und ohne warme Winterkleidung kann ich nicht einmal die ersten Tage überleben. Wieder bäume ich mich innerlich gegen das Todesurteil auf. Erneut laufe ich durch die Räume von Fenster zu Fenster. Wo ist es, das Schlupfloch ins Leben?

„He, Kalle, bist du's?“ Wie ein elektrischer Schlag treffen mich diese Worte. Es ist aber nicht die Frage, die mir einen warmen Schauer durch den Körper jagt, als vielmehr die mir bekannte brüchige Stimme. Jetzt allerdings klingt sie ängstlich und verzweifelt. Im Herumdrehen vernehme ich gleich noch die Antwort, nun aber fast freudig: „Ja, Mensch, du bist es ja wirklich!“

Dann liegen wir uns in den Armen, der Werner und ich, und die Tränen laufen uns übers Gesicht.

Ich kannte Werner Butzlaff schon seit Jahren. Er war mein Ferienfreund geworden. Zwei- bis dreimal im Jahr, wenn ich bei meinen Großeltern in Bischofswalde einige Ferientage verbrachte, sahen wir uns. Seine Eltern arbeiteten als Tagelöhner bei Hoffmann-Herbert, unter diesem Namen kannte ich den Großbauern am Dorfende, und bewohnten das sogenannte Tagelöhnerhaus in der Nähe des Gänsepfuhls. Hier war ich ihm das erste Mal begegnet, als ich meiner Großmutter half, die Gänse zum Pfuhl zu treiben. Seitdem verbrachten wir viele Stunden miteinander. Er zeigte mir die noch lebenden Kreuzottern, die aus dem Storchennest auf der alten Gutsscheune gefallen waren. Wir bauten Wasserräder in die Jamnitz und Zwillen für die Kirschenräuber. Wie oft haben wir im Herbst gemeinsam die Gänse wieder heimgetrieben, die, dem Ruf ihrer wilden Verwandten folgend, sich nach langem Anlauf in die Lüfte erhoben und erst kurz vor dem Waldrand landeten. Bewundernswert, wie Werner barfuß über die Stoppeln lief.

Am Fenster stehend, die Straße unter uns im Auge behaltend, erzählt mir Werner, der sogar noch jünger ist als ich, seine Geschichte. Die Menschenjäger hatten ihn praktisch seiner Mutter entrissen, als sie auf dem Wege zur Kommandantur waren. „Aber", so berichtet er weiter, „Mama ist immer hinter uns hergegangen. Sie weiß, daß die Russen uns verschleppen wollen." Nach kurzer Pause fährt er fort: „Als die Posten uns in dieses Haus brachten, rief sie ganz laut: ‚Werner, ich komme wieder!' Deswegen starre ich dauernd auf die Straße."

Noch ist der Wintertag hell genug, noch lassen sich die Vorgänge unten auf der Straße und vor dem Haus beobachten. Werners Bericht läßt in mir wieder Hoffnung keimen, zumindest die, daß vielleicht für mich etwas „abfallen" könnte, wenn seine Mutter Essen und Kleidung bringt. Und dann schießt mir plötzlich etwas durch den Kopf.

„Werner, falls Deine Mutter kommt und mit Dir reden kann, dann sage ihr doch bitte, daß sie in das Pfarrhaus an der Kirche gehen und meiner Mutter von unserem Schicksal erzählen soll. Vielleicht kann sie mir sogar Essen und Kleidung bringen."

„Klar, mach ich das. Und meine Mutter hilft Dir ganz bestimmt. Wenn sie doch bloß bald käme!"

Wir haben noch viel Zeit, uns unsere Erlebnisse der letzten Wochen von der Seele zu reden.

„Da! Guck! Da steht meine Mama", flüstert mir Werner ganz unvermittelt zu und zeigt mit erhobenem Arm auf den Ladeneingang der Bäckerei jenseits der Straße, „die Frau da im dunklen Mantel."

Unbeweglich an die Tür gelehnt, beobachtet sie angestrengt die Fassade unseres Gefängnisses. Werner tritt noch näher an das Fenster heran und winkt.

„Du, sie hat mich gesehen! Da, sie winkt", vernehme ich Werner neben mir. Die dunkle Gestalt bewegt beide Arme über dem Kopf und nickt heftig. Dann überquert sie die Straße und schreitet auf den russischen Posten vor dem Hauseingang zu. Auf Zehenspitzen stehend, die Stirn an die kalten Fensterscheiben gedrückt, versuchen wir, den Fortgang der Ereignisse dort unten zu verfolgen. Mein Herz schlägt mir vor Erregung bis zum Hals.

Frau Butzlaff, fällt mir jetzt auf, hat ja gar keinen Rucksack bei sich. Was soll denn das bedeuten? Sie steht vor dem Wachsoldaten und, so kann ich aus ihren Gesten erkennen, redet unentwegt auf ihn ein. Dabei zeigt sie ab und zu mit dem rechten Arm in die Richtung des Fensters, hinter dem wir stehen. Das Gespräch dauert ewig, jedenfalls erscheint es mir so. Was verhandeln die beiden überhaupt? Versteht der Soldat sie nicht, oder verschließt er sich stur dem Anliegen der Frau?

Endlich! Frau Butzlaff tritt zwei Schritte zurück und winkt ihrem Sohn zu, so, als wenn man jemanden aufforderе, näher heranzutreten. Werner war schon fast aus dem Zimmer entwichen, als ich ihn am Jackenärmel packe und sage: „Du, ich komme mit runter!"

„Meinst du?" fragt er unentschlossen.

Ich nicke und steige, ängstlich und hoffnungsvoll zugleich, hinter ihm die Treppe hinunter, verfolgt von den verwunderten Blicken einiger Mitgefangener, die wohl etwas mitbekommen haben. Zaghaft klopft Werner an die schwere Haustür, die sich augenblicklich öffnet. Wir treten hinaus. Werner geht voran, ich in seinem Schatten hinterher, wie siamesische Zwillinge. Während der Soldat die Haustür verschließt, zieht Frau Butzlaff ihren Sohn an der Hand eiligst über die Straße in die Deckung der anderen Häuserreihe. Ich schleiche, immer schneller werdend, keinen Blick rückwärts wendend, voll panischer Angst auf das „Stoi!“ wartend, seitwärts an den Häusern entlang, drükke mich in den erstbesten Hauseingang und luge vorsichtig zurück. Die Straße ist leer, kein Soldat folgt mir und von Werner und seiner Mutter ist auch nichts mehr zu sehen. Eilig, aber nicht auffällig schnell, gehe ich die Straße hinunter, nach einer offenen Haustür suchend. Endlich gibt die schmale Tür einer großen Hofeinfahrt nach.

Vor mir liegt ein geräumiger Hof, von Lagerschuppen begrenzt. Wie ein sicherndes Tier bewege ich mich auf eine Tür zu, öffne sie, finde eine leere Kiste in dem kleinen Abstellraum und stelle sie hochkant an eine Wand. Am ganzen Körper zitternd, setze ich mich darauf, lehne den Kopf an die kalte Mauer und schließe die Augen. Langsam beruhige ich mich.

Was war passiert? Träume ich, oder bin ich frei? Alles war so schnell gegangen. Vor zehn Minuten noch befand ich mich in den Fängen der Soldaten, jetzt sitze ich hier, auf einem fremden, menschenleeren Hinterhof, allein, aber augenscheinlich nicht mehr in unmittelbarer Gefahr. Doch Vorsicht! Sie lauert überall.

Was tun, wenn plötzlich marodierende Gesellen auf diesem Grundstück erscheinen, um nach Schätzen zu suchen? Vor denen ist kein Winkel sicher. Durch das Fenster entdecke ich einen Stapel Bohlen. Vorsichtig schleiche ich hinaus, finde mit einiger Mühe ein passendes Brett und schiebe es so unter den Türdrücker, daß er nicht mehr zu bewegen ist. Nun heißt es, auf die schützende Dunkelheit zu warten. Lange kann es ja nicht mehr dauern.

Zum Warten verurteilt, stürmen die Erlebnisse der letzten Stunden, die sich fast überstürzt haben, immer wieder auf mich ein. Buchstäblich im Tal der absoluten Ausweglosigkeit taucht Werner auf, eine Randfigur in meinem bisherigen Leben, eine Ferienbekanntschaft, und wird mein Retter. So urplötzlich, wie er erschienen ist, verschwindet er wieder mitsamt seiner Mutter. Ich bin ihnen nie wieder begegnet und weiß auch nicht, ob ihre Flucht geglückt ist.

Aber, wie konnte die meine gelingen? Hatte der Soldat, der mit Sicherheit von Frau Butzlaff bestochen worden war, sie falsch verstanden, war er betrunken und seine Wahrnehmung getrübt? Oder lief alles so schnell ab, daß er erst später begriff? Vielleicht hatte der Rotarmist auch nur ein mitleidiges Herz. Ich weiß es nicht, und es wird sich auch nie klären lassen.

Nach Einbruch der Dunkelheit erreiche ich ungehindert unser augenblickliches Domizil, das Pfarrhaus. Aus keinem Fenster dringt ein Lichtschein nach draußen. Die Luftschutzverdunkelung funktioniert noch, umso mehr, da schon seit geraumer Zeit die Stromversorgung zusammengebrochen ist, und wir uns mit Talglichtern behelfen müssen. Auf mein Klopfen an der Haustür reagiert niemand. Erst nachdem ich mit einiger Mühe an ein Fenster klopfe und vernehmlich „Hier ist Karl“ flüstere, dreht sich ein Schlüssel im Schloß. Heinz, mein Bruder, öffnet die Tür, immer noch vorsichtig. Während er mich ins Haus hineinläßt, ruft er nach hinten, in Richtung der offenen Zimmertür: „Es ist Kalle!“

Im Halbdunkel erblicke ich meine Mutter. Sie sitzt aufgerichtet, durch ein dickes Kissen im Rücken gestützt, in dem braunen Metallbett, das wir in der Bodenkammer gefunden haben. Am Fußende lehnt sich Frau Teschke auf den Bettrahmen. Beider Blicke sind auf mich gerichtet. Mit wenigen Schritten erreiche ich das Bett, knie nieder und schmiege mich an meine Mutter. Ganz sacht streicht sie mir übers Haar und flüstert dabei: „Gott sei Dank, Junge, daß du wieder da bist. Wir hatten ja solche Angst!"

Schluchzend dreht sich Frau Teschke um. Im Hinausgehen sagt sie leise: „Ich schaue später noch einmal rein."

Frau Teschke und ihr Mann, im Eßzimmer auf der anderen Flurseite untergekommen, stammen aus dem Stolper Raum. Seit wir gemeinsam in diesem Hause Unterschlupf gefunden haben, bietet sie uns manchmal ihre Hilfe an. Wir nehmen sie gerne in Anspruch, denn unsere Mutter kann seit Beginn der Flucht im Januar nicht mehr gehen. Sie hatte sich bei den bis in den Winter hinein andauernden Schanzarbeiten am Ostwall eine schwere Kniegelenkentzündung zugezogen. Bis hierher habe ich sie über weite Strecken buchstäblich auf dem Rücken geschleppt. Wie ich jetzt erfahre, ist Herr Teschke direkt vor dem Haus gefaßt und weggeführt worden. Heinz hat es beobachtet und Frau Teschke benachrichtigt.

„Und morgen sollen sie alle nach Rußland verschleppt werden. Furchtbar!" stöhnt Mama in ihren Kissen. Als ich ihnen dann meine Geschichte erzähle, werden sie ganz blaß und still.

In der Nacht erwache ich schweißgebadet und schnelle in Panik von der Matratze hoch. Das Herz pocht gewaltig, wie nach einem anstrengenden Lauf. Ich lausche, denn in der Dunkelheit ist nichts zu erkennen. Gott sei Dank, neben mir auf dem Fußboden höre ich die Schlafgeräusche meiner beiden Geschwister.

Ich habe geträumt: Wohin ich auch blickte, überall um mich herum standen Rotarmisten in ihren Wattejacken. Die Mündungen der Maschinenpistolen stierten mich wie gierige Wolfsaugen an, und die Strahlen der überdimensionalen roten Sterne an den Pelzmützen tauchten mich in ein gleißendes Scheinwerferlicht. Plötzlich öffnete sich seitlich der Kreis und die russische Dolmetscherin trat herein. Sie trug Frau Butzlaffs langen schwarzen Mantel. Darüber hatte sie ein Schneehemd gezogen, das sich im Winde auf dem Rücken bauschte – ein schwarzer Engel mit weißen Flügeln. Die übernatürlich große Gestalt schritt, mich keines Blickes würdigend, aber mit dem Schatten ihrer Flügel zudeckend, durch den Kreis. So vor dem gleißenden Licht geschützt, schlüpfte ich hinter ihr durch die sich öffnende Lücke und lief, lief, lief – bis ich erwachte.

Die Märzensonne scheint schon durch das Stubenfenster, als mich mein Bruder weckt. Es muß wohl bald Mittag sein.

„Mensch, du hast gepennt wie ein Bär, hast nichts gehört und gesehen“, sagt er. „Geht es dir jetzt besser?“

Ich nicke.

„Oh, Junge, du hast einen Schutzengel gehabt“, vernehme ich leise die Stimme meiner Mutter aus dem Bett. „Frau Teschke ist vor einer Stunde aus der Stadt gekommen. Sie hat ihren Mann noch einmal von weitem sehen können. Es war eine lange Kolonne: Männer, Frauen und auch Kinder.“

Aus: „Wir wollten leben“, Reihe ZEITGUT, Bd. 5.

[Schwellin, Kreis Köslin, Pommern – Stettin*) –
Köthen – Ammendorf bei Halle, Sachsen-Anhalt;
Mai 1945 – 1947]

Gisela Bertl

Fremde im eigenen Land

Im Mai 1945 trafen die ersten Polen in Schwellin ein. Wir wußten nicht, ob der Krieg zu Ende war, denn noch immer waren wir von der Außenwelt abgeschnitten. Es gab kein Radio, keine Zeitung und keine Post. Erzählt wurde, daß die Russen nun bald abziehen und wir von Polen besetzt würden.

Im Dorf Dubbertech, fünfzehn Kilometer entfernt, war eine russische Kommandantur eingerichtet worden. Dort mußte mein Vater in einer Schusterei arbeiten. Er kam nur sonntags für ein paar Stunden nach Hause. Mutter und ich waren allein im Haus. Ich war fast 17 Jahre alt.

Eines Tages standen zwei Männer vor unserer Tür. Sie sprachen Deutsch und baten meine Mutter freundlich um Einlaß. Uniformen trugen sie nicht, das beruhigte uns ein wenig. Mutter führte sie in die Wohnstube und bereitete dann in der Küche etwas zu essen. Inzwischen konnte ich mich mit ihnen unterhalten. Die Männer erzählten, daß sie von weither kämen und noch eine weite Reise vor sich hätten. Als die beiden das Klavier entdeckten, waren sie hellauf begeistert, und einer von ihnen fragte gleich, ob er spielen dürfte. Wir haben es gern erlaubt. Schon so lange hatte keiner mehr darauf gespielt. Als der Mann sich ans Klavier setzte und wunderbar, sogar meisterhaft, spielte und dazu sang, war ich überwältigt. So gut konnte nicht

*) heute Swielinow, Koszalin und Szczecin in Polen

einmal mein Musiklehrer spielen. Er muß eine ausgezeichnete Ausbildung gehabt haben. Als Mutter das Essen servierte, waren wir so in die Musik vertieft, daß der Hunger zur Nebensache wurde. Erst gegen Abend haben die Männer etwas gegessen. Sie machten keinerlei Anstalten zu gehen. Offensichtlich gefiel es ihnen bei uns. So musizierten sie bis in die Nacht. Mutter bot ihnen an, bei uns zu übernachten, und machte das kleine Zimmer zurecht.

Auch am nächsten Tag blieben sie bei uns. Inzwischen hatten wir erfahren, daß es sich um einen deutschen Offizier und seinen Burschen handelte. Aus russischer Gefangenschaft geflohen, wollten sie heim ins Rheinland.

Als Vater am Sonntag nach Hause kam, waren die beiden immer noch da. So spielte Vater die Geige und der Offizier Klavier. Wie ein Lauffeuer verbreitete sich im Dorf, daß bei uns musiziert wurde. Am Nachmittag war die ganze Jugend bei uns versammelt, um Musik zu hören. Einige mußten sogar stehen. Auch ich spielte zwischendurch etwas vor. Wir spielten auch vierhändig, und es hörte sich recht gut an. Für einige Stunden vergaßen wir den grauen Alltag. Doch mit einem Male standen einige Russen in unserer Haustür. Sicher hatten sie die Musik gehört, oder es hatte uns jemand verraten. Sie gingen gleich zu den beiden Deutschen und sagten: „Ihr Soldat!“

Der Offizier erwiderte gelassen: „Wir sind Sänger, keine Soldaten!“ Er setzte sich ans Klavier, gab sein schönstes Stück zum besten und sang dazu. Die Russen waren wie umgewandelt. Es dauerte nicht lange, und sie sangen mit und tanzten mit den Mädchen – kaum zu glauben, aber wahr! Erst abends zogen sie weiter, sie haben niemandem etwas zuleide getan. Was Musik doch bewirken kann!

Am Montag früh aßen die beiden Männer noch mit uns Frühstück. Danach wollten sie in Richtung Westen aufbrechen. Als ich mit dem Sänger einen Moment allein war, sagte er zu mir: „Wir müssen heute weiter, sonst verliebe ich mich womöglich hier noch und komme nicht weg.“

Sicher bin ich rot geworden, denn ich war ziemlich

Diese Aufnahme von 1941 zeigt meine Eltern und mich beim Musizieren in unserem Garten. Musik war unser liebstes Hobby.

schüchtern. Er gefiel mir sehr gut. Einige Mädchen und ich begleiteten die beiden ein Stück des Weges. Kurz vor Grünhof hörten wir plötzlich Russen kommen. So schnell wir konnten, liefen wir durch den Wald nach Hause. Wir haben nie mehr etwas über die beiden Männer erfahren.

Nach und nach kamen immer mehr Polen nach Schwellin. Sie wurden ansässig und zogen in die Häuser der Deutschen. Eines Tages erschien ein Mann bei uns und fragte meine Mutter, wieviel Land und Garten zu unserem Haus gehörten. Er sprach sehr gut Deutsch und war recht freundlich zu uns. Er sagte: „Ich übernehme Ihr Haus, Sie können aber wohnen bleiben, denn ich bin allein, meine Eltern hole ich erst später nach!“

Wir waren sehr erleichtert, daß wir im Haus bleiben durften. Mutter faßte gleich Vertrauen zu ihm. Herr Rakowski erzählte uns, daß er während des Krieges in Deutschland gearbeitet hätte und die Deutschen gut zu ihm gewesen seien. Jetzt kam uns zugute, daß er die Deutschen nicht haßte. Herr Rakowski besorgte Lebensmittel, und Mutter mußte für ihn kochen. Es reichte auch noch für uns, so daß wir nicht mehr hungern mußten. Als Vater sonntags nach Hause kam, unterhielten sich die beiden Männer lange. Nachdem Herr Rakowski von unseren Querelen mit den Nazis gehört hatte, stand er ganz auf unserer Seite. So hatten wir einen Schutz im Haus, denn der Pole konnte sich auch mit den Russen verständigen, und ich brauchte mich nicht mehr zu verstecken. Manchmal holte er sogar für Mutter das Wasser von der Pumpe.

Es dauerte nicht lange, da wurde auf dem Gut eine polnische Kommandantur eingerichtet. Die Polen übernahmen das Anwesen mit mehreren Tausend Morgen Ackerland sowie Wald und Wiesen. Herr Hintze, der damalige Besitzer, hatte keine Rechte mehr. Alle arbeitsfähigen Männer und Frauen mußten auf dem Gut erscheinen, auch ich. Wir wurden zur Landarbeit eingesetzt. Morgens um 6 Uhr wurde geklappert, das Zeichen für den Arbeitsbeginn. Von 12 bis 13 Uhr war Mittagspause, von 13 bis 18 Uhr ging es weiter. Das war ein langer Arbeitstag. Ich litt darunter, da ich mich noch sehr schwach fühlte. Wochenlang hatten sich Mutter und ich im Frühjahr vor den Russen im Wald versteckt. Der Hunger und die schlaflosen Nächte hatten meine Gesundheit angegriffen. Doch danach wurde nicht gefragt. Zum Glück brauchte Mutter nicht zur Arbeit und konnte für uns etwas zu Mittag kochen.

Zuerst mußten die Kartoffeln gepflanzt werden. Vorher wurden mit dem Pflug Rillen gezogen. Die Kartoffeln wurden in Abständen hineingeworfen. Ein Pole mit Karabiner stand zur Bewachung dabei. Jede von uns Frauen und Mädchen hatte eine Sackschürze umgebunden, in die die Kartoffeln hineingeschüttet wurden. Ich nahm mir einen Teil der zugewiesenen Menge in die Schürze. Als die Kartoffeln alle waren, wollte ich neue holen. Der Pole drohte mir und schüttete dann so viele Kartoffeln in meine Schürze, daß es für ein ganzes Feld reichte. Ich ging in die Knie, die Last war zu schwer für mich. Aber es wurden keine Ausnahmen gemacht, ich mußte es schaffen. Der Schweiß rann mir übers Gesicht.

Nach drei Stunden gab es eine kurze Frühstückspause. Das Brot war in Papier eingewickelt, damit faßten wir es an, wir konnten ja die Hände nicht waschen. Oft wurde ich von den Frauen angestoßen: „Nun schlaf nicht und iß deine Schnitte, die Arbeit geht gleich weiter!" Vor Erschöpfung war ich sofort eingenickt.

Endlich Mittagspause! Mutter hatte eine Suppe gekocht, doch ich bat: „Laß mich erst ein paar Minuten ausruhen!" Ich legte mich aufs Sofa und bin sofort eingeschlafen. Meine Mutter hatte alle Mühe, mich wachzurütteln, damit ich noch ein wenig essen konnte. Ohne sie hätte ich diese Zeit nicht überstanden.

Zwei junge Mädchen aus dem Dorf haben es nicht geschafft. Inge starb mit 17 und Luzi mit 15 Jahren. Ich war sehr traurig, denn Inge war meine Schulfreundin, wir hatten auf einer Schulbank gesessen. Vermutlich litt sie unter einer Stirnhöhlenvereiterung, denn sie hatte immer starke Kopfschmerzen. Ärztliche Hilfe gab es damals nicht.

Mit uns Frauen arbeitete ein Mann, er hieß Bulgrin und war als Flüchtling nach Schwellin gekommen. Er konnte wunderbar singen. Wenn wir nach Feierabend im Kartoffelwagen vom Feld gefahren wurden, sang er so schöne Lieder, daß unsere Traurigkeit verschwand und wir uns schon auf seinen Gesang am nächsten Morgen freuten.

Nachdem die Kartoffeln in der Erde waren, mußten wir Kunstdünger streuen. Immer wieder blies uns der Wind den Dünger in die Augen. Das brannte sehr. Auch Stalldung brachten wir aus, das war eine harte Arbeit.

Im Sommer haben wir Garben gebunden und aufgestellt, Roggen, Weizen, Hafer und Gerste. Im Herbst wurde gedroschen. Wir reichten die Garben auf den Dreschkasten oder räumten Stroh weg, das in großen Ballen zusammengefaßt war. Immer stand ein Pole dabei und bewachte uns. Nach dem Dreschen mußte das Korn auf den Speicher gebracht werden. Das war Männerarbeit, doch es wurde verlangt, daß zwei Mädchen einen Zentner-Sack voll Korn hochtrugen. Wir konnten es kaum schaffen. Wenn wir endlich oben waren, mußten wir den Sack hochheben und ausschütten. Danach waren wir so erschöpft, daß wir eigentlich nicht mehr weiterarbeiten konnten, doch man scheuchte uns gleich wieder nach unten, um den nächsten Sack zu holen.

Als ich eines Nachmittags über die Straße zur großen Scheune ging, verfolgte mich ein junger Russe. Ich war erstaunt, denn es waren schon lange Zeit keine Russen mehr im Dorf gewesen. Ich lief schnell zur Scheune und stieg auf den Dreschkasten. Herr Ossesek, der polnische Verwalter, stand schon da und wartete auf die Leute. Plötzlich stand der Russe in der Scheune und sprach mit ihm. Herr Ossesek forderte mich auf herunterzukommen. Ich sollte mich zu dem Russen setzen, der sich bereits auf einen Strohhaufen niedergelassen hatte. Der Russe lächelte mich an und hielt mich an beiden Händen fest. Sprechen konnten wir nicht miteinander. Alle anderen arbeiteten und schauten zu mir, doch keiner wagte, ein Wort zu sagen. So saßen wir nun, und ich schaute immer weg und versuchte, meine Hände zu befreien, doch er hielt sie gleich wieder fest.

Unser Verwalter wurde langsam ungeduldig, denn ich war schließlich hier, um zu arbeiten. Nach einer halben Stunde ließ mich der Russe frei, verbeugte sich und ging.

Nach einigen Tagen kam er wieder. Ich mußte mich wieder zu ihm setzen, und er lächelte mich an. Das war alles. Die Frauen meinten hinterher, vielleicht hätte er zu Hause eine Freundin, die mir ähnlich sei.

Der Russe kam noch ein paarmal, suchte mich und ging dann wieder. Für mich bedeutete das eine Arbeitspause, bis er nicht mehr kam. Als Freund hätte er mir nicht gefallen, denn er war klein und gar nicht mein Typ.

Das Erntedankfest stand kurz bevor. Der Große Speicher wurde ausgeräumt, gereinigt und geschmückt, denn die Polen wollten mit uns feiern und tanzen. Mein Vater mußte die Geige und Elise Pockrandt die Teufelsgeige spielen. In der Mitte war eine große Tanzfläche. Ich hatte noch nie in meinem Leben getanzt und wollte nur zuschauen.

Plötzlich ging die Türe auf, und der Russe stand da. Er kam auf mich zu, machte eine Verbeugung und forderte mich zum Tanz auf. Ich wäre am liebsten fortgerannt, doch das ging nicht, und so gab ich ihm zu verstehen, daß ich nicht tanzen könnte. Doch er ließ sich nicht beirren und zog mich auf die Tanzfläche. Es wurde eine Polka gespielt. Ich hopste umher und trat ihm auf die Füße. Doch er war ein guter Tänzer und konnte gut führen, so daß ich nach kurzer Zeit den Tanz beherrschte. Meine Angst ließ nach, und ich fand Gefallen am Tanzen. Zum Schluß mußten wir beide lachen. Er begleitete mich zu meinem Platz und verabschiedete sich höflich. Dann ging er, und ich habe ihn nie wieder gesehen.

An einem Sonntag besuchte uns der Gutsbesitzer, Herr Major Holtz aus Wojenthin. „Was für ein gemütliches Zimmer!“ wunderte er sich auch über unser Klavier. Vom Mobiliar hatten uns die Russen nichts genommen. Er war sehr traurig, denn sein schönes Schloß war niedergebrannt, seine Familie mußte vorübergehend im Gärtnerhäuschen wohnen. Auch fragte er Vater: „Was meinen Sie, wann werden wir wieder Deutsch?“

Das konnte Vater leider auch nicht beantworten. Ich setzte mich ans Klavier und spielte ein Stück von Mozart, das ihm sehr gefallen hat. Tränen liefen über sein Gesicht.

Der erste Nachkriegswinter stand bevor, und wir hatten nur wenig Fleisch zu essen. Alle Hühner und Gänse waren bereits in die Kochtöpfe gewandert, und so wurde beschlossen, daß alle Familien ein Schwein schlachten sollten, das sie gefüttert hatten. Leider währte die Freude nicht lange, denn die polnische Miliz war dahintergekommen und beschlagnahmte das Fleisch, da angeblich die Schlachtgenehmigung fehlte.

Wir hatten Glück: Während ich zur Arbeit war, kam Herr Rakowski zu meiner Mutter und fragte: „Frau Genz, wo haben Sie das Fleisch vom Schlachten?“ Mutter verwies ihn auf die Tonne. Dort hatte sie das Fleisch eingepökelt, um es haltbar zu machen. Herr Rakowski holte das Fleisch aus der Tonne, auch die Wurst, und versteckte alles auf dem Boden. Mutter war sehr aufgeregt, doch er sagte: „Keine Angst, ich bleibe so lange, bis die Miliz wieder weg ist.“ Als diese kam, erklärte Herr Rakowski, daß wir noch nicht geschlachtet hätten. Zum Glück stand noch ein Schwein im Stall. Den anderen hatte man alles genommen. Oft hat uns Herr Rakowski in schwierigen Situationen geholfen.

Der Winter stellte sich mit viel Schnee und Eis ein, und wir mußten alle im Wald arbeiten. Die Männer fällten Bäume, und wir Frauen und Mädchen zersägten die Baumstämme in Meterlängen mit der Handsäge, eine schwere Arbeit. Eine Kreissäge gab es nicht. Hinzu kam, daß wir nichts Warmes zum Anziehen hatten. Unsere dünnen Handschuhe waren schnell naß, ebenso unsere Schuhe. Wir froren sehr. Es blieb nicht aus, daß viele krank wurden.

Auch ich hielt die Arbeit im Wald nicht lange durch und bekam eine schwere Angina. Beide Mandeln waren vereitert. So lag ich mehrere Wochen im Bett. Meine Mutter pflegte mich und kochte Tee. Medizinische Hilfe gab es nicht. Nur Wärme und Ruhe konnten mir helfen.

Im Frühling bekamen wir Besuch von meiner Cousine Christel aus Butzke. Sie war 23 Jahre alt und hatte den weiten Weg, immerhin 20 Kilometer, zu Fuß gemacht. Als sie uns von ihrem traurigen Schicksal erzählte, waren wir entsetzt: Ihre Eltern waren von den Russen erschossen worden. Keiner wußte warum. Sie hatte sich auf dem Hausboden versteckt und alles mit angesehen. Wir hätten sie gern bei uns aufgenommen, doch sie wollte nicht bei den Polen bleiben. Ein paar Tage später fuhr sie mit einem Flüchtlingstransport zu ihrer Tante nach Hamburg. Uns ließen die Polen noch nicht fort. Wir waren weiterhin zur Zwangsarbeit in der Landwirtschaft verpflichtet. Wir bekamen kein Geld, sondern nur landwirtschaftliche Produkte.

Manchmal waren wir verzweifelt und fragten uns, wie lange wohl diese schwere Arbeit noch von uns abverlangt werden würde. Herr Rakowski sorgte dafür, daß ich ein paar Tage bei seinen Eltern in Dargen aushelfen durfte.

Die Arbeit war dort nicht so schwer, und es gab gutes Essen, ich erholte mich.

Im Sommer 1946 bekamen mehrere Frauen die russische Krätze. Sie war mit starkem Juckreiz und Schmerzen verbunden. Hauptsächlich Arme und Beine waren davon befallen. Es bildeten sich rote Flecken, die sich später entzündeten. Bei älteren Menschen verteilten sie sich am ganzen Körper. Obwohl ich stets aufpaßte, nicht mit anderen in Berührung zu kommen, hatte auch ich mich eines Tages angesteckt. Vor Schmerzen konnte ich nachts nicht schlafen. Tabletten oder Salbe zur Linderung des Juckreizes gab es nicht. Trotzdem mußten wir tagsüber arbeiten.

Als Vater am Wochenende nach Hause kam, sagte er: „So geht das nicht weiter, wir müssen unbedingt nach Bublitz zum Arzt." Er hatte mit dem russischen Kommandanten in Dubbertech gesprochen, und dieser hatte ihm erlaubt, mit den betroffenen Frauen in den 17 Kilometer entfernten Ort zum Arzt zu gehen. Wir waren viele Stunden unterwegs und mußten größere Pausen einlegen, denn wir waren schnell erschöpft. Mein Vater hielt schließlich ein Auto an, das in Richtung Bublitz fuhr. Es war ein LKW. Doch wie erschrocken waren wir, als wir sahen, daß der Fahrer ein Russe war! Er gab uns durch Handzeichen zu verstehen, daß wir aufsteigen sollten. So saßen wir auf dem offenen Auto, doch es war warm, und wir waren froh, nicht mehr laufen zu müssen. In Bublitz klopften wir gegen die Scheibe der Fahrerkabine, doch der Russe reagierte nicht. Er fuhr weiter. Wir gerieten in Panik. Vater klopfte unaufhörlich, bis er endlich anhielt und uns aussteigen ließ.

Ein polnischer Arzt behandelte uns, jede Frau bekam einen großen Topf Salbe zum Einreiben mit. Erst am Abend waren wir wieder zu Hause. Die Anstrengung hatte sich gelohnt, mit der Salbe heilte die Krätze nach und nach ab, nur die Narben behielten wir noch lange Zeit.

Immer mehr Deutsche wurden ausgesiedelt, vor allem alte Leute und Kinder, denn die Polen wollten nur die Arbeitskräfte behalten. Auch Herr Hintze, der ehemalige Be-

Bevor wir 1947 unsere Heimat in Pommern verlassen mußten, entstand dieses Foto von mir. Ich war 19 Jahre alt und hatte eine entbehrungsreiche Zeit hinter mir.

sitzer von Gut Schwellin mußte das Land verlassen. Die Polen erklärten uns, daß wir alle hinter die Oder müßten. Gern wollten wir die Heimat nicht verlassen. Wir wußten ja nichts von einem Friedensvertrag. Von Herrn Rakowski erfuhren wir, daß Deutschland in Ost und West geteilt worden war. Er gab uns den Rat, in den Westen zu gehen.

Seit 1947 bekamen wir für die schwere Arbeit in der Landwirtschaft ein paar Zloty ausgezahlt. Wir hatten in den letzten Jahre nichts kaufen können. Ich benötigte dringend Kleidung, vor allem neue Stümpfe, denn meine alten waren schon so sehr gestopft, daß sie drückten. Inzwischen hatten wir auch kein Stopfgarn mehr. Mehrere Monate lang hatte ich mein Geld gespart. Als Herr Rakowski nach Köslin fuhr, brachte er mir neue Strümpfe mit. Für ein Paar ging mein ganzes Erspartes drauf!

Nun rechneten auch wir täglich damit, ausgesiedelt, also rausgeschmissen, zu werden. Den Termin erfuhr man vorher nicht. Wenn die Polen Bescheid sagten, mußte man sofort auf einen Lastwagen steigen und wurde in ein Lager gebracht. So hatten wir unsere kleine Habe, die wir noch besaßen, eingepackt und warteten auf den Abtransport.

Die Polen behielten uns noch den Sommer über, und wir

mußten die Ernte einbringen. Ich war damals 19 Jahre alt. Einige deutsche Familien verließen bereits im August unseren Ort. Wir hatten schon Angst, daß wir allein bleiben würden. Am 4. September wurden wir benachrichtigt und mußten uns unverzüglich zum Abtransport fertig machen. Ein großer LKW fuhr vor. Wir stiegen mit ein paar Habseligkeiten auf den Wagen. Hier saßen schon mehrere Familien aus Schwellin, doch niemand konnte uns sagen, wohin es ging. Es gab sehr viele Tränen, denn es fiel niemanden leicht, Haus und Hof zu verlassen: unseren Hund Moppi, der die Russen beißen wollte, um uns zu beschützen, und auch unsere gute Kuh, die uns mit ihrer Milch das Leben gerettet hatte, als wir uns im Wald verstecken mußten ...

Wir wurden nach Köslin in ein Übergangslager gebracht. Viele Menschen warteten dort schon auf den Weitertransport nach Deutschland. Wie paradox, denn wir wohnten schließlich in Deutschland. Erst jetzt wurde uns bewußt, daß wir Polen geworden waren.

Im Lager gab es wenig zu essen, nur zweimal am Tag eine Kleinigkeit. Wer nicht aufpaßte, wurde bestohlen. Also mußte immer einer von uns Wache halten. Am Tage wurden Vater und ich zum Arbeitseinsatz weggeholt. Mutter durfte bei den Sachen bleiben. Zunächst mußte ich in einem kalten Keller arbeiten und Käserollen transportieren.

Eines Morgens kam ein polnischer Polizist ins Lager und suchte eine Arbeitskraft. Seine Wahl fiel auf mich. Der Pole sprach kein Wort Deutsch, doch der Lagerleiter konnte alles erklären. Ich konnte leider nur ein paar Worte Polnisch, da in Schwellin alle Polen Deutsch sprachen. Ich ahnte nichts Gutes. In der Wohnung im vierten Stock angekommen, führten mich der Mann und seine Frau in ein Zimmer, in dem ein Zwillingswagen mit zwei niedlichen Babies stand. Sie gaben mir zu verstehen, daß ich in ihrer Abwesenheit die Kleinen versorgen sollte. Ich hatte keinerlei Erfahrung, wie man mit Säuglingen umging, und versuchte, dies den Leuten klarzumachen. Doch es half nichts. Sie verließen die Wohnung und schlossen mich mit den Kindern ein. Den ganzen Tag über war ich mit den Kleinen allein. Sie haben oft geschrien, doch wenn sie mich sahen, waren sie gleich wieder still. Ich versuchte, sie zu wickeln und ihnen die Flasche zu geben.

Als das Paar nach Hause kam, gaben sie mir ein Stück Brot und etwas zu trinken. Ich hoffte, damit wäre meine Arbeit beendet sein, doch nach dem Essen deuteten sie auf einen Eimer mit Wasser und ein Wischtuch, und ich mußte noch die Küche wischen. Dabei bemerkte die Polin, daß ich mehrere Kleider trug. Ich hatte drei Kleider übereinander gezogen, damit sie mir niemand im Lager stehlen konnte. Nun mußte ich meine beiden besten Kleider ausziehen. Ich war sehr traurig. Für meine Arbeit wurde ich noch bestraft!

Flüchtlinge in einer Notunterkunft in Gorgast, Oderbruch.

Gegen 18 Uhr brachte man mich ins Lager zurück. Meine Eltern hatten sich schon sehr gesorgt. Am nächsten Morgen holte mich der Polizist wieder. Auch in den nächsten Tagen mußte ich die Babies betreuen.

Nach einer Woche im Lager sollte es endlich weitergehen. Doch der Polizist wollte mich nicht gehen lassen. Vater erklärte ihm, daß wir abfahren würden, aber er wollte nichts davon wissen. Der Lagerleiter erklärte es ihm auf Polnisch. Es nützte alles nichts, ich mußte wieder mit ihm gehen, um die Babies zu hüten. Zum Glück fuhr der Transport erst am nächsten Tag. Vater sprach mit dem Lagerleiter. Der sagte: „Geben Sie dem Mann alles, was sie entbehren können, vielleicht lenkt er dann ein."

So opferte mein Vater seinen letzten guten Mantel mit Pelzkragen, den er gerettet hatte, seinen Ehering, eine Steppdecke und 1000 Zloty. Als der Polizist die Sachen und das Geld sah, stimmte er zu, und ich durfte mit meinen Eltern das Lager verlassen. Wir hatten sehr viel verloren, doch wir waren zusammen, und das war die Hauptsache.

In Viehwaggons ging es weiter. Wir saßen alle sehr beengt auf dem wenigen Gepäck. Es gab keine Sitzplätze und keine Toiletten. Der Zug hielt selten, damit wir austreten konnten. In den fensterlosen Waggons war es dunkel. Gegen Morgen kamen Polen und brachten uns einen Eimer mit Tee.

Schließlich hielt der Zug am Stettiner Bahnhof, und alle mußten aussteigen. Das Gedränge war groß, denn jeder hatte Angst um sein Gepäck. Von hier aus ging es erneut in ein Lager. Wir wurden alle in einem großen Fabrikraum untergebracht. Dort war es sehr eng, wir konnten nur auf unserem Rucksack sitzen. Die Kinder schrien, und die Alten stöhnten vor Erschöpfung und vor Schmerzen. Wir waren etwa 1000 Personen. Das Lager war von hohem Stacheldraht umgeben. Der Abort draußen im Hof bestand aus einem langen Balken, auf den man sich setzen mußte. Wer sich nicht halten konnte, fiel rückwärts in die Kloake und kam ohne Hilfe nicht wieder heraus.

Nachts war an Schlaf nicht zu denken, da die vielen Menschen nicht zur Ruhe kamen. Wir konnten nicht verstehen, warum wir in dieses Lager gebracht wurden, denn wir sollten doch nach Deutschland! Hier lebten wir wie Gefangene. Mittags bekamen wir eine Kelle mit warmem Essen. Das schmeckte gut, und man erzählte uns später, daß es die Amerikaner für uns gespendet hätten.

Nach einer Woche ging der Transport weiter, jetzt in Waggons mit Fenstern. Der Zug fuhr über die Oder. Es war schon ein besonderes Gefühl, denn nun waren wir endlich in Deutschland. Wir wurden jetzt auch etwas besser behandelt. Mein Vater wurde im Waggon zur Essensausgabe eingesetzt. So kamen wir mit vielen Leuten ins Gespräch.

Wir hatten zwar immer gehofft, in den Westen zu kommen, doch unser Transport führte uns nach Köthen in Sachsen-Anhalt. Erneut ging es in ein Lager, diesmal in Barakken mit Feldbetten. Wir wurden untersucht, bekamen Spritzen und Medikamente, und einige von uns wurden entlaust. Hier war alles nicht mehr so streng, wir durften sogar manchmal raus und uns die Stadt ansehen.

Manche Flüchtlinge bekamen Besuch aus dem Westen. Wir staunten, wie gut die Leute aussahen. Wie schämten wir uns, wir fühlten uns wie Bettler. Einige Flüchtlinge wurden von ihren Verwandten mitgenommen, doch unsere Verwandten konnten uns nicht zu sich holen, da sie selbst geflüchtet waren und nur eine kleine Wohnung besaßen.

Ein Polizist hatte meinem Vater zugeflüstert: „Wenn Sie in den Westen wollen, bringe ich Sie nachts ohne Gepäck über die Grenze."

Natürlich wollte er Geld oder Wertgegenstände, doch wir hatten nichts. Auch waren meine Eltern müde und sehr abgespannt von den Strapazen und wollten nicht noch einmal in ein Lager.

Eines Tages kamen Männer aus den umliegenden Betrieben ins Lager und suchten Arbeitskräfte. Im Waggonbau Ammendorf benötigte man Handwerker, auch einen Schuhmacher. Vater meldete sich und wurde eingestellt.

Wir erhielten in Ammendorf bei Halle eine Zwei-Zimmer-Wohnung unter dem Dach, 16 Quadratmeter groß. Die Hauswirtin stellte uns ein Bett, einen kleinen Tisch und einen Stuhl hinein. Mutter und ich schliefen im Bett und Vater legte sich auf den Fußboden. Später bekam Vater eine Matratze.

Ich hatte ständig Hunger, denn wir bekamen nur die Lebensmittelkarte 4. Kohle und Holz zum Heizen mußten wir uns sammeln. Es war ein schwerer Anfang.

Bald bekam ich Arbeit in einer Ankerwickelei, zusammen mit einem Mädchen, das ebenfalls aus Pommern stammte. Am ersten Arbeitstag, es war der 10. Oktober 1947, fragte man uns, warum wir denn hergekommen seien, die Leute hier hätten selbst nichts zu essen, wir würden ihnen noch das letzte bißchen wegnehmen.

Da liefen uns die Tränen. Wie gern wären wir zu Hause geblieben!

Weihnachten 1947 bekam ich die erste Auszeichnung für gute Arbeit. Es war ein Bezugschein für ein Kleid und eine Rolle schwarzen Zwirn. Darüber freute ich mich sehr, denn wir waren sehr arm. Damals galt der Spruch:

„Wer 1948 nicht verhungert
und 1949 nicht verreckt,
der kann 1950 essen was ihm schmeckt.“

Und so kam es dann auch.

Aus: „Wir wollten leben“, Reihe ZEITGUT, Bd. 5.

[Stolp*), Pommern;
1946]

Siegfried Hinz

Der Rat des Offiziers

An einem lauen Frühlingstag Anfang April 1946 gruben meine Mutter und ich am Rande des Flugplatzes Ackerland um. Ich half ihr, so gut ich konnte, elf Jahre alt, klein, schmächtig und ausgezehrt vom Hunger des letzten Jahres.

Wir wohnten in Stolp in Pommern. Hier war der Krieg seit über einem Jahr beendet. Als im März 1945 die Russen einmarschierten, waren wir gerade vor ihnen auf der Flucht in Richtung Gotenhafen**), um von dort mit einem Schiff das Land verlassen zu können. Wir schafften es nicht, die Russen stoppten unseren Treck und drängten uns zurück. Wir wurden von unserem Vater getrennt.

Meine Mutter und ich zogen zurück nach Stolp. Es folgten Monate des Leids, Monate der Ungewißheit und des Wartens auf Vater.

Im Sommer normalisierte sich das Leben langsam. Andere russische Offiziere hatten das Kommando in der Stadt übernommen, die Vergewaltigungen ließen nach, die Frauen konnten sich wieder auf die Straße wagen. Was allerdings blieb, war der Hunger. Meist waren es wir Kinder, die auf unseren Streifzügen durch ehemalige Fabriken, Läden und leerstehende Häuser etwas Eßbares herbeischafften. Manchmal gelang es uns sogar, kleinere Vorräte anzulegen.

Dann kamen die Polen. Sie trieben uns aus den Wohnungen und beschlagnahmten unsere letzte Habe. Kaum

*) heute Słupsk und **) 1939 bis 1945 Name für Gdingen, heute Gdynia, in Polen

hatten wir für ein paar Tage eine neue Bleibe gefunden, vertrieben sie uns erneut. Achtmal zogen wir in kurzer Zeit um, die letzte Wohnung lag in der Nähe der russischen Kommandantur. Zu unserem Glück mieden die Polen die Nähe der Russen, seitdem blieben wir von ihren Beutezügen verschont.

Eines Tages hämmerte es an unserer Tür. Ein russischer Offizier fragte meine Mutter mit durchdringender Stimme: „Mutter, du Schneiderin?“

Es war wohl die Angst, die meine Mutter die Frage nicht verneinen ließ. Sie öffnete die Tür, zuckte mit den Schultern, und bereits wenige Stunden später brachten zwei Soldaten eine Nähmaschine. Fortan, tagaus, tagein, nähte und schneiderte sie russische Uniformen. Der Lohn war etwas zu essen für sie und mich und der Schutz vor den Beutezügen der Polen. Nicht eben viel, aber wir kamen so durch den Winter und wurden nicht belästigt; das waren in dieser Zeit unschätzbare Sicherheiten.

Im April 1946 wurde die Kommandantur versetzt, die Uniformschneiderei fand ein Ende.

Einige der Deutschen, die in Stolp geblieben waren, bekamen in der Nähe des Flugplatzes ein Stück Land zugewiesen, ungefähr zehn Meter lang und zehn Meter breit. Die meisten legten Kartoffeln. Auch wir hatten uns dafür welche vom Munde abgespart. Die Arbeit fiel uns sehr schwer, mußten wir doch den Boden ohne Geräte bearbeiten. Wir waren unbeschreiblich stolz, als wir eine Tafel mit unserem Namen auf das frisch bepflanzte Feldstück stellten.

Anfang Juni wollten meine Mutter und ich die Kartoffeln hacken und anhäufeln. Noch bevor wir unser Stück Feld erreichten, sahen wir die Bescherung: Russische Soldaten hatten auf den Flugplatz Pferde zum Weiden gebracht. Uns bot sich ein Bild der Verwüstung: Die Tiere trampelten die Pflanzen nieder, scharrten mit ihren Hufen auf unserem Feld und zerstörten die frischen Triebe. – All das, was uns in ein paar Monaten als Lebensgrundlage dienen sollte, war vernichtet!

Niemand kann sich vorstellen, was wir in diesem Moment fühlten. Entsetzen, Wut und Ohnmacht über das Geschehene wechselten im Blick meiner Mutter. Sie sah sich um, suchte einen Verantwortlichen. Schließlich erblickte sie einen Offizier, der auf ausgezogener Jacke friedlich schlummernd im Gras lag und keinerlei Anstalten unternahm, das Treiben zu beenden. Voller Zorn steuerte sie auf ihn zu, schimpfte und zeterte laut mit ihm, während ich mich ängstlich hinter ihrem Rücken verkroch.

Ich weiß nicht, ob es die Anwesenheit eines Kindes war oder ob den Russen einfach der Mut meiner Mutter beeindruckte, er hörte ihr zu, zog sich die Jacke über und befahl den Soldaten in strengem Ton, die Pferde aus den Kartoffeln zu treiben. Aber zu spät, das Feld mit seiner zukünftigen Ernte war zerstört. Meine Mutter weinte.

Der Offizier sah betreten zu uns herüber und sagte beschwichtigend: „Mutter, du nicht brauchen Kartoffel“, und als ihn meine Mutter verständnislos ansah, fügte er erklärend hinzu: „Du kommen ins Reich über Oder.“ Dabei lächelte er ein wenig, wohl als Entschuldigung für das zerstörte Feld.

Auf meine Mutter wirkte dies jedoch nicht. Vom ersten Schreck erholt, giftete sie ihn an: „Was soll ich da? Ich lebe hier und brauche etwas zu essen für mich und den Jungen, Russki gibt nichts!“

Der Offizier nickte verständnisvoll mit dem Kopf, und als wollte er etwas von dem Schaden wiedergutmachen, kramte er einen faustgroßen Brocken Traubenzucker, eingewickelt in einen grauen Leinenlappen, aus seiner Jacke. Er entfernte den Lappen und brach den Brocken in drei gleich große Teile.

Wir setzten uns ins Gras, lutschten den Traubenzucker, und der Russe begann über die Zukunft zu erzählen. So erfuhren wir, daß alle Deutschen, die hier jenseits der Oder wohnten, ins Reich müßten. Nach Stolp kämen weitere Polen. Das ganze Land bis zur Oder – Pommern, West- und Ostpreußen – würden die Polen bekommen.

Meine Mutter glaubte, ihn nicht richtig verstanden zu haben. „Was wird dann aus dem Reich?“ fragte sie entsetzt.

Der Offizier berichtete, daß Deutschland in Zonen aufgeteilt sei, in eine russische, englische, amerikanische und eine französische Zone.

Da er nur gebrochen deutsch sprach, mußten wir ihm aufmerksam zuhören und manchen Satz überdenken, um ihn zu verstehen. Wenn wir über die Oder kämen, dann sollten wir in die englische, amerikanische oder französische Zone gehen. „Russki-Zone nix gut.“

Wir erschraken, daß ein Offizier der Roten Armee so etwas empfahl. Warum sagte er das? Wie würde es nur aussehen, das neue Reich, das neue Deutschland? Und was hatte es mit der russischen Zone auf sich?

Wir waren neugierig und bohrten weiter, aber mehr wollte er nicht sagen.

Als wir uns verabschiedeten, wiederholte der Russe noch einmal seinen Rat: „Mutter, wenn du über Oder kommen, dann du denken, was ich sagen.“

Heute fallen mir oft seine Worte ein. Damals dachten wir darüber kaum nach. Wir wollten in Stolp bleiben so lange wie möglich, allein schon wegen Vater. Wo sollte er uns suchen?

Auf Vater warteten wir vergebens, erst 15 Jahre später erfuhren wir, daß er bereits auf dem Transport nach Sibirien gestorben war.

Aus Stolp wurden wir im April 1947 ausgesiedelt, wir kamen nach Thüringen, in die sowjetische Besatzungszone. Dort lebe ich noch heute.

(Die Erlebnisse seines Vaters hat dessen Sohn, Holger Hinz, aufgezeichnet.)

Aus: „Lebertran und Chewing Gum“, Reihe ZEITGUT, Bd. 14.

[Bromberg*) – Kaltwasser**) – Prondy***), Pommern – Forst – Bischofswerda, Sachsen – Senftenberg, Niederlausitz;
Januar 1945–November 1948]

Günter Kozianka

Allein und verlassen

Am 12. Januar 1945, meinem 13. Geburtstag, begann die große sowjetische Winteroffensive, auch Weichsel-Oder-Operation genannt. Dieser Tag läutete das Ende der deutschen Herrschaft auch in Bromberg ein, wo wir seit der Versetzung meines Vaters zum dortigen Amtsgericht im Frühjahr 1940 lebten. Zwischen dem 15. und 20. Januar erreichten die Flüchtlingstrecks unsere Stadt. Bei der strengen Kälte war es ein furchtbarer Anblick, diese armen Menschen, die nur das Nötigste auf Pferdewagen verstaut hatten, in Richtung Westen fliehen zu sehen. Wir selbst fühlten uns hier noch ziemlich sicher, aber die Zweifel an einer Stabilisierung der Front wuchsen von Stunde zu Stunde.

Der 20. Januar war der letzte normale Tag in Bromberg. In der Nacht hörten wir erstmals Artilleriefeuer. Am nächsten Morgen setzte das große Flüchten ein. Auf Rodelschlitten zogen die Deutschen ihr Gepäck zum Hauptbahnhof. Ich mußte denken: „Wann flüchten wir denn endlich?“

Meine Eltern blieben jedoch in der Stadt. Da sie niemals jemandem etwas zuleide getan, ja polnischen Familien materiell und ideell geholfen hatten, glaubten sie, unter russisch-polnischer Besatzung ungeschoren davonzukommen. Selbst das Angebot von Bekannten, uns auf ihrem LKW in Richtung Westen mitzunehmen, schlugen sie aus.

---

*) heute Bydgoszcz **) Zimne Wody und ***) Prady, heute beides Stadtteile von Bydgoszcz in Polen

Ich konnte diese Haltung nicht verstehen. Wie konnte man in der Stadt bleiben, die Schauplatz so tragischer Ereignisse gewesen war, daß sie als „Bromberger Blutsonntag“ in die Geschichte eingehen sollten? Damals, am 3. September 1939, glaubten zurückgehende polnische Truppen, sie würden von deutschen Heckenschützen beschossen. Daraufhin wurden zahlreiche Deutsche in Bromberg erschossen, was nach der Besetzung der Stadt durch die Wehrmacht zum Anlaß für eine mörderische Verfolgung der Polen genommen wurde.

Vater verabschiedete sich wie immer zu seinem Stadtwachdienst. Er wollte nach Hause kommen, wenn es brenzlig würde. Doch an diesem Tag wurde er zur Eskortierung von russischen Kriegsgefangenen eingesetzt, mit denen er schließlich bis Schwerin in Mecklenburg gelangte. Wahrscheinlich war das seine Rettung.

Unser Haus war wie leergefegt, außer einer Nachbarin und ihrem alten Vater hatten alle die Stadt verlassen. Mariechen, eine Eingedeutschte, die seit der Geburt meiner Schwester Ende 1944 im Haushalt half, brachte uns zu ihren Verwandten in einen Außenbezirk. Als auch hier geschossen wurde, hofften wir, mit einem Wehrmachtfahrzeug doch noch aus der Stadt zu entkommen. Der Fluchtversuch endete in einem Luftschutzkeller. Das Haus über uns stand in Flammen. Meine Mutter, den zwei Monate alten Säugling auf dem Arm, und ich, meinen sechsjährigen Bruder an der Hand, rannten unter ständigem Beschuß an der Brahe entlang, bis uns Russen über die Reste der gesprengten Kaiserbrücke ans Ostufer geleiteten. Schließlich gelangten wir heil in unsere Wohnung.

Die Verhältnisse hatten sich drastisch geändert. Es dauerte nicht lange, bis die binnen kürzester Zeit aufgestellte polnische Miliz alle Deutschen registrierte. Unser Blaupunktradio wurde beschlagnahmt. Das traf mich sehr, hatte ich doch täglich leise den Wehrmachtbericht gehört und gehofft, daß es doch noch eine Wende geben würde. Bis Mitte

Februar wähnten wir uns dank Maries Hilfe relativ sicher. Sie begleitete und beschützte uns vor marodierenden polnischen und russischen Soldaten, denn weder meine Mutter noch ich konnten Polnisch. Ich war 13 Jahre alt.

Am 20. Februar erschienen plötzlich zwei Milizangehörige mit der Aufforderung, uns warm anzuziehen und einmal Wechselkleidung zusammenzupacken. Mit anderen Deutschen mußten wir in das Arbeitslager Kaltwasser ziehen. Hier herrschten unglaubliche Zustände, über die später von etlichen Zeitzeugen ausführlicher berichtet wurde. Kranke und Schwache waren in einer Baracke eingeschlossen worden bis sie dahinsiechten. Im Lager mußte ich mithelfen, tote alte Frauen auf Leichenwagen zu laden. Die polnische Miliz und die Wachmannschaften mißbrauchten nicht selten ihre Amtsgewalt, ließen ihrem Haß auf die Deutschen freien Lauf.

Das Lager bestand aus etwa 15 Baracken. In unserer Baracke standen 20 Doppelstockbetten und ein Herd. Brennmaterial gab es nicht, so verfeuerten wir nach und nach die Bretter der Betten. Zweimal am Tag erhielten wir eine dünne Kohlsuppe, mit Viehsalz gewürzt. Für Säuglinge gab es keine geeignete Nahrung, so daß meine kleine Schwester, noch nicht einmal vier Monate alt, Ende Februar starb.

Läuse hatten wir alle, denn an Waschen war nicht zu denken. Vielmehr mußten wir die Schüsseln, in denen wir unser karges Essen entgegennahmen, nachts für unsere Notdurft benutzen, denn wir durften die Baracke nur am Tage unter Aufsicht verlassen. Eine Frau, Mutter von vier Kindern, die eines Morgens doch versucht hatte hinauszugehen, wurde von Posten erschossen. Wie ich von den Erwachsenen hörte, waren von den etwa 600 in das Lager Kaltwasser eingelieferten Deutschen im April 1945 noch 150 bis 200 am Leben.

Als unsere Mutter, wie es hieß, das Lager zu einem Arbeitseinsatz verlassen mußte, ahnten wir Kinder nicht, daß wir sie nie mehr wiedersehen sollten. Am 22. April wurde mein Bruder in das Kinderheim Schwedenhöhe gebracht, einen Tag später kam ich in das Kinderheim in der Thorner Straße. Hier bekam ich zum ersten Mal seit der Internierung im Februar Brot und eine richtige Suppe zu essen. Für die meisten Kinder war das Heim nur eine Durchgangsstation, denn täglich erschienen Polen, die uns wie Sklaven musterten und den einen und anderen mitnahmen.

Am 30. April 1945 war es auch für mich soweit. Ein Herr mittleren Alters und ein noch junger Mann hießen mich vorzutreten. Ich war zwar zu dieser Zeit schon von stattlicher Größe, aber ansonsten nur Haut und Knochen. Die Männer fragten mich, ob ich auf ihren Bauernhof mitgehen wolle, wo ich arbeiten müßte, aber auch gut zu essen bekäme. Ich wollte, denn es gab für mich zum Heim keine Alternative.

Es war Frühling geworden und recht warm. Nach mehreren Stunden Fußweg kamen wir am Abend auf dem Hof der Jachimczaks in Prondy bei Bromberg an. Die alte Bäuerin schlug die Hände über dem Kopf zusammen, als sie mich Halbverhungerten sah. Aber Herr Kakolewski, der Schwiegersohn, der mich mit abgeholt hatte, und Stefan, ihr Stiefsohn, verteidigten mich. Es werde schon gehen. Die beiden Männer hatten mich auch aus Mitleid aus der Schar der Kinder ausgewählt. Das rechne ich Herrn Kakolewski, der mehrere Jahre im Konzentrationslager Stutthof bei Danzig hatte zubringen müssen, hoch an.

Ich wurde der Obhut von Fräulein Ulla, einer Deutschen, die während des Krieges ebenfalls in Bromberg gelebt hatte, übergeben. Ich mußte baden und wurde entlaust. Es dauerte Wochen, bis ich zum ersten Mal mit auf die Weide gehen konnte. Ich lernte, Kühe zu hüten. Ich begriff sehr schnell, denn ich hatte auf dem Bauernhof meiner Großeltern in Masuren schon vielerlei Erfahrungen gesammelt.

Bereits im Lager und noch mehr im Kinderheim war mir klargeworden, daß mit einer Änderung der äußeren Umstände nicht zu rechnen war. Ich war gerade drei Tage auf dem Bauernhof, als es hieß, Berlin sei gefallen. Kurze Zeit später wurde Tag und Nacht der Sieg über Deutschland gefeiert. Meine Niedergeschlagenheit erreichte einen Tiefpunkt. Unsere Familie war auseinandergerissen. Ich war völlig auf mich allein gestellt. Im Sommer 1945 begann ich mit der Suche nach meinen Angehörigen. Das war nicht einfach, denn ich war Internierter, zur Arbeit auf dem Bauernhof abgestellt, den ich ohne Begleitung nicht verlassen durfte. Da kam mir der Zufall zu Hilfe: Verwandte eines Bromberger Bekannten wohnten ebenfalls in Prondy. Eine Frau aus diesem Kreis nahm eines Sonntags mit mir die Suche auf. In dem Kinderheim, in das mein Bruder gebracht worden war, erhielt ich die traurige Nachricht, daß er die Umstellung von der Hungerration im Lager auf die Heimkost nicht überstanden hatte. Das Lager Kaltwasser war inzwischen aufgelöst worden, und von meiner Mutter gab es nach wie vor keine Spur. Fräulein Ulla half mir, diesen Schicksalsschlag zu überwinden. Als ich eines Tages bei einer Tochter des Bauern im Radio zum ersten Mal wieder ein deutsches Programm hörte, schöpfte ich ein wenig Hoffnung, hatte man uns doch glauben machen wollen, Deutschland gebe es gar nicht mehr.

Den ersten Sommer in Prondy verbrachte ich mit Kühehüten. Ich war fast den ganzen Tag allein und hing meinen Gedanken nach. Meine Rettung waren Bücher. Meine Wirtsleute, deren Wohnhaus im Septemberfeldzug 1939 abgebrannt war, hatten ein ehemals von Deutschen bewohntes Haus zugewiesen bekommen, in dem sich viele deutsche Bücher befanden. Ich nahm sie an mich und las alles, was mir unter die Finger kam: gute Belletristik, Fachbücher, Schund. Als ich im Herbst 1945 in den etwa einen Kilometer entfernten Stallungen eine Art Kutscherzimmer bezog, brachte ich ein Wandbord für meine literarischen Schätze an. Unter den Büchern war auch Naziliteratur, darunter Hitlers „Mein Kampf“. Bei einem überraschenden Besuch entdeckte Herr Kakolewski, der inzwischen zum Zensor für die polnischen Tageszeitungen in Bromberg avanciert war, diese „heißen Eisen“. „Sicher schickt er mich jetzt zurück ins Heim oder in ein Lager!" dachte ich und war auf das Schlimmste gefaßt. Doch ich kam mit einem blauen Auge davon.

Zum Glück mußte ich die Nächte in dem abgelegenen Anwesen nicht allein verbringen. Es war in dieser Zeit notwendig, alles lebende und tote Inventar vor marodierenden russischen Soldaten oder anderen Diebesbanden zu schützen. Das konnte ich nicht alleine. Als immer mehr Pferde und Kühe sogar aus verschlossenen Ställen gestohlen wurden, verlegte der Bauer seine Schlafstatt in den Stall, stets einen geladenen Karabiner neben sich.

Das Verhältnis zwischen Polen und Russen war sehr angespannt. Wenn er vom Wehrdienst Heimaturlaub hatte, berichtete Herr Bugajski, Sohn der Bauersfrau aus erster Ehe und ab 1947 Herr auf dem Hof, von wahren Straßenschlachten zwischen polnischen und sowjetischen Soldaten. Das hing mit der politischen Übergangssituation in Polen zusammen, war doch die neue polnische Regierung aus Vertretern der kommunistischen Lubliner sowie der bürgerlichen Londoner Regierung zusammengesetzt, in der Mikolajczyk, auf den die Masse der Polen ihre Hoffnungen setzte, Ministerpräsident war.

Ich erinnere mich noch gut an den langandauernden und erbitterten Wahlkampf in Vorbereitung auf die Wahlen im Januar 1947, in dem es für beide Seiten um Sein oder Nichtsein ging. Auch hier auf dem Hof wurde heiß diskutiert. Ein tiefer Graben tat sich mitten durch die Familie auf: Die Eltern, zwei Söhne und zwei Töchter standen ganz auf Seiten des bürgerlichen Londoner Lagers, Schwiegersohn und eine Tochter, die Frau von Herrn Kakolewski, sowie ein Sohn auf der entgegengesetzten Seite. Die hitzigen politischen Diskussionen arteten manchmal fast in Handgreiflichkeiten aus.

Da Herr Kakolewski mir häufig seine Zeitungen überließ, wenn er sie gelesen und ausgewertet hatte, lernte ich innerhalb eines knappen Jahres soviel Polnisch, daß ich die Gespräche inhaltlich verfolgen konnte. Nach außen hin gab ich bis Mitte 1946 vor, das Polnische weder verstehen noch sprechen zu können. Das war eine Art Trotzreaktion auf die ständige Aufforderung vor allem der jüngsten Tochter des Bauern, doch endlich Polnisch zu lernen, wenigstens bruchstückweise. Sie hatte mir angedroht, mit mir nicht mehr Deutsch zu sprechen. Unter keinen Umständen wollte ich zugeben, daß ich die Unterhaltungen bereits verstand. Meine Wirtsleute konnten sich das nicht recht erklären, denn ich las ja viel, konnte also so dumm nicht sein. Nachdem sich das Verhältnis zwischen ihnen und mir entspannt hatte, gab ich diese Haltung auf und legte eines schönen Tages fröhlich auf polnisch los. War das eine Überraschung für die Familie!

Der Neue Bromberger Kanal verlief nur 300 Meter vom Anwesen entfernt und lud zum Baden ein. Im Sommer 1946 lernte ich unter Anleitung des jüngsten Bauernsohnes, der etwa zwei Jahre älter war als ich, endlich schwimmen, während auf der Uferwiese das Vieh weidete. Da ich beim Hüten viel Zeit hatte, konnte ich neben meiner Lieblingsbeschäftigung, dem Lesen, so mancherlei Naturbeobachtungen anstellen. Als „Hofwettervorhersager" wußte ich bald richtig einzuschätzen, ob zum Mähen oder Einfahren von Heu oder Getreide geblasen werden konnte.

„Roman, wie wird das Wetter heute?" fragten sie mich, natürlich auf Polnisch. Und Roman, wie sie mich nannten, weil Günter zu deutsch klang und für sie wohl auch zu schwierig war, hatte mit seiner Prognose fast immer recht. Neben dem Kühehüten wurde ich jetzt auch zum Be- und Entladen von Heu- und Getreidefuhren sowie beim Dreschen eingesetzt.

Im Herbst 1946 erhielt ich ein Lebenszeichen von meinem Vater aus Schwerin, Mecklenburg. Ich hatte schon geglaubt, er sei in den letzten Kriegswirren umgekommen. Da Vater nicht wissen konnte, wo ich mich befand, hatte er an eine polnische Familie in der Potsdamer Straße in Bromberg, wo wir gewohnt hatten, geschrieben, und diese war über meinen derzeitigen Aufenthalt unterrichtet. Was für eine Freude, bestand doch jetzt die berechtigte Aussicht, irgendwann zu ihm nach Deutschland zu kommen!

Inzwischen war ich, wohl auch wegen meiner Sprachkenntnisse, in die Familie des Bauern integriert worden. Sie verteidigte mich, wenn andere mich beschimpften. Die polnische Dorfbevölkerung, die ich nach und nach näher kennenlernte, verhielt sich mir gegenüber fair, besonders jene Familien, die aus den früheren polnischen Ostgebieten hierher umgesiedelt worden waren und nun auf ehemaligen deutschen Anwesen saßen. Diese Menschen hatten selbst erfahren, was Vertreibung bedeutete.

Im Frühjahr 1947 kam Herr Bugajski, Sohn aus erster Ehe der Bäuerin, mit Frau Aniela auf den Hof zurück. Er hatte eine Offiziersschule der Polnischen Armee besucht, diese jedoch verlassen, ohne Offizier geworden zu sein, während seine Frau, eine Polin aus der Ukraine und von der Familie lange Zeit als „Russin“ abgelehnt, im Rang eines Oberleutnants aus der Armee ausschied. Der junge Herr wollte vieles ändern auf dem Hof, aber er handelte zu spontan, so daß die Wirtschaft letzten Endes auch nicht besser lief. Als letztes Glied in der Kette bekam ich es besonders zu spüren, wenn etwas nicht klappte. Zog Herr Bugajski morgens seine Ausgehuniform an, wußte ich, daß er irgendein Geschäft in der Stadt plante oder zur Jagd eingeladen war. Dann konnte ich in Ruhe meiner Arbeit nachgehen.

Ich hatte das Kühehüten satt und meldete mich freiwillig zum Mähen der Wiesen. Das Mähen erlernte ich schnell, doch nach den ersten beiden Tagen hatte einen starken Muskelkater. Auf dem Hof gab es keine feste Arbeitszeit. Im Sommer wurde geschuftet, so lange es hell war. Im Winter hingegen verlief alles viel ruhiger. Dann mußte vor allem immer genügend Brennholz bereitliegen.

Im Sommer 1947 bekam ich Post von meiner Oma und einer Tante aus Königsberg, das ja nun russisch war und kurz danach in Kaliningrad umbenannt wurde. Mein Vater hatte ihnen geschrieben und meine Adresse mitgeteilt. Als sie im Herbst 1947 nach Deutschland ausgesiedelt wurden, ging ihr Transport nur einen Kilometer vom Hof entfernt vorbei. Leider wußte ich nichts davon.

Auf dem Hof war ich inzwischen der einzige Deutsche. Bereits im Sommer 1946 hatte Fräulein Ulla mit Hilfe guter polnischer Bekannter Prondy verlassen und war in einer Bromberger Fleischerei untergekommen. Wie ich später hörte, soll sie eingeheiratet und die polnische Staatsbürgerschaft angenommen haben.

Hatte ich mich bis jetzt mehr oder weniger vom Schicksal treiben lassen, begann ich nunmehr darüber nachzudenken, wie es für mich in Zukunft weitergehen sollte. Ich war jetzt fast 16 Jahre alt. Meine Muttersprache hatte ich nicht vergessen, sondern weiterhin gepflegt, zum einen durch das Lesen und zum anderen durch Gespräche mit deutschen Arbeitskräften, die ab und zu vom Lager Pottulitz auf den Hof kamen. Seit mehr als drei Jahren hatte ich keine Schule besucht. So sehr ich mich während des Krieges gefreut hatte, wenn der Unterricht ausfiel, so sehr vermißte ich ihn jetzt. Für die polnischen Kinder hatte der Schulalltag längst wieder begonnen. Auch war ich seither ohne jede ärztliche Betreuung. Ich besaß weder Geld, noch irgendwelche Habseligkeiten. In meinem Willen, Polen zu verlassen, wurde ich von der Tochter des ehemaligen deutschen Hofnachbarn, die von 1947 bis Juli 1948 ebenfalls bei meinen Wirtsleuten arbeitete, bestärkt. Als auch sie das Land verließ, war ich wieder der einzige Deutsche hier.

Im Frühjahr 1948 stellte mich Herr Bugajski auf einem Amt in Bromberg vor. Der Angestellte dort meinte, ich sei wohl Pole, weil ich so gut polnisch spreche.

„Nein," erwiderte ich entschieden, „ich bin Deutscher! Ich will nach Deutschland ausgesiedelt werden!"

Seine Freundlichkeit verflog sofort. Herr Bugajski prophezeite mir, in Deutschland würde es, wie man so höre, nur Kartoffelschalen zu essen geben. Hier hätte ich es doch besser! Wenn ich bliebe, würde ich für meine Arbeit entlohnt werden, und zur Schule gehen dürfte ich auch.

Pfingsten 1948 heiratete die jüngste Tochter des Bauern. Ich erlebte zum ersten Mal eine polnische Bauernhochzeit. Eine ganze Woche lang wurde gefeiert. Ich bekam von dem süßen Selbstgebrannten den ersten Schwips meines Lebens und fühlte mich für kurze Zeit richtig glücklich.

Inzwischen wohnten alle Familienangehörigen auf dem Hof, wenn auch das Wohnhaus noch immer eine Ruine war. Ein Teil des großen Stalles war ausgebaut und zwei Zimmer und eine Küche waren eingerichtet worden. Meine Schlafstatt war seit einem Jahr der Heuboden. Zu den Enkeln meiner Wirtsleute hatte sich ein recht gutes Verhältnis entwickelt. Wir waren etwa gleichaltrig und unternahmen viel gemeinsam, wobei jedoch eine gewisse Grenze nie überschritten wurde, denn beide Seiten waren sich meiner Position auf dem Hof wohl bewußt.

Im September 1948 schien endlich meine Zeit gekommen. Ich sollte mich auf dem Landratsamt in Bromberg zum Abtransport nach Deutschland einfinden. Große Verabschiedung auf dem Hof, dann die Fahrt nach Bromberg, dort der Abschied von Herrn Bugajski.

Um die Mittagszeit erhielt ich die für mich unheilvolle Information: Der Transport gehe in die britische Zone. Mein Vater jedoch lebte in der russischen Zone, dorthin mußte ich ausgesiedelt werden! Ich kann nicht beschreiben, wie mir in diesem Moment zumute war.

Also zurück nach Prondy. Ich nahm meine hölzerne Munitionskiste unter den Arm und lief zu Fuß zum Hof, wo ich abends hundemüde und unglücklich ankam.

Meine Kleidung von zu Hause war nach zwei Jahren völlig verschlissen. Auf dem Hof wurde immer nur in Holzpantinen und im Winter in Schuhen mit einer dicken Holzsohle gearbeitet. Mittlerweile besaß ich ein Paar schwarze Lederschuhe, die mir die Wirtsleute geschenkt hatten und die eine Nummer zu klein waren, außerdem eine Joppe und eine warme Hose, eine Sommerarbeitskluft aus einer polnischen Uniform, eine alte Wehrmachtsmütze, ein Paar Socken sowie zwei Hemden. So ausgerüstet, wartete ich die nächsten Wochen voller Ungeduld auf eine erneute Aufforderung zum Abtransport.

Am 7. Oktober 1948 erhielt ich endlich die ersehnte Benachrichtigung, mein Bauer solle mich am 14. des Monats, um neun Uhr, im Zimmer 7 des Bromberger Landratsamtes überstellen. In der amtlichen Aufforderung, Polen zu verlassen, hieß es zum Schluß:

„Oben Genannter sollte warm angezogen sein und gutes Schuhwerk besitzen. Weiterhin sollte er mit einer Schüssel, einem Eßlöffel und einem Trinkbecher ausgerüstet sein."

Auch meine Wirtsleute freuten sich nun mit mir, daß ich endlich nach Deutschland ausreisen und meine Verwandten wiedersehen durfte. Der Abschied war bewegend.

Pünktlich fand ich mich im Landratsamt ein. Bis zum Nachmittag passierte nichts, man wartete auf weitere deutsche Kinder. Gemeinsam ging es dann in ein kleines Sammellager im 30 Kilometer entfernten Nakel. Hier traf ich nach nunmehr fast vier Jahren deutsche Kinder, die ich von zu Hause kannte. Die meisten konnten nur polnisch sprechen. Seit Jahren von ihren Eltern getrennt und im fremden Umfeld lebend, hatten sie ihre Muttersprache vergessen. Nachdem wir drei oder vier Tage in Nakel verbracht hatten, ging es weiter. In einem Personenzugwagen, der unterwegs immer wieder umrangiert wurde, kamen wir nach 24stündiger Fahrt über Posen und Breslau in Leobschütz, in Oberschlesien, an. Für eine Woche wurden wir in einem großen Schulgebäude untergebracht, bis der Kindertransport in die russisch besetzte Zone Deutschlands vollständig zusammengestellt war.

Während unseres Aufenthaltes in Leobschütz ging es schon recht deutsch zu. Ein deutscher Transportleiter und seine Gehilfen waren für uns zuständig. Wenn wir älteren Jungen zum Bahnhof zogen, wo wir zu Verladearbeiten eingesetzt wurden, marschierten wir wie einst in Reih und Glied, mit dem Lied vom schönen Westerwald auf den Lippen. Die noch in der Stadt ansässigen Deutschen staunten darüber sehr. Zum ersten Mal sah ich in der Ferne hohe

Berge, ich hatte das Flachland ja nie zuvor verlassen. Der südwestlich von Leobschütz aufstrebende Berg Altvater beeindruckte mich.

Schließlich stand der deutsche Transportzug bereit. Am 23. Oktober 1948 erfolgte der nunmehr endgültige Aufbruch. Jeder von uns hatte im Zug sein eigenes Bett, sogar weiß bezogen. War die Verpflegung in Leobschütz schon gut gewesen, so gab es jetzt Marschverpflegung aus Beständen einer internationalen Hilfsorganisation für Flüchtlinge. Sogar eine große Schachtel Bonbons gehörte dazu. Für die damalige Zeit ein Wunder!

Die Fahrt ging durch teilweise stark zerstörte Städte und Dörfer Ober- und Niederschlesiens über Liegnitz der neuen polnisch-deutschen Grenze entgegen. Nach 24 Stunden erreichten wir die Grenzstation Tuplice. Hier wurde stundenlang noch einmal alles peinlichst kontrolliert. Schließlich setzte sich der Zug wieder in Bewegung. Die letzten zwölf Kilometer durch polnisches Gebiet führten durch dichte Wälder, in denen noch zahlreiches zerstörtes Kriegsgerät lag. Endlich war die Neißebrücke, der letzte polnische Posten, in Sicht. Ich war sehr aufgeregt. Was würde mich am Ziel meiner Reise erwarten?

Forst, Lausitz, Hauptbahnhof. Die ersten deutschsprachigen Schilder. Der erste uniformierte Deutsche, den ich seit 1945 sah, ein Bahnpolizist. Heimkehr in ein unbekanntes Land.

Mitarbeiter des Roten Kreuzes nahmen uns in Empfang. Sie reichten eine Art Mehlsuppe, die wir, inzwischen verwöhnt, auskippten. Wir konnten nicht wissen, daß wir unseren Landsleuten damit sehr weh taten. Ich mußte an die Prophezeiung meines Bauern denken, in Deutschland gäbe es nur Kartoffelschalen zu essen. Aber die Sehnsucht, hier zu leben, war sehr viel stärker als alle Befürchtungen.

Noch am selben Abend verließ unser Zug Forst und traf am Morgen des 25. Oktober in Bischofswerda, Sachsen, ein, wo sich ein Lager für sogenannte elterngelöste Kinder befand. Wir wurden in Baracken untergebracht und nach den geltenden Sätzen verpflegt. Das bedeutete Hunger! Wir plünderten die umliegenden Gärten. Ob dieser Lage meldeten sich einige Transportkameraden spontan zur Rückkehr nach Polen, was ihnen seltsamerweise auch gestattet wurde.

Wir waren nun wieder in Deutschland, aber alles war so anders, als wir es uns vorgestellt hatten. Ich hatte gehofft, an 1945 wieder anknüpfen zu können. Und nun dieses arme, besiegte Deutschland!

Die zwei Wochen Aufenthalt im Lager wurden mit Quarantäne begründet. Das kam uns sehr seltsam vor, waren wir Kinder und Jugendlichen doch – zumindest bei unserer Ankunft noch – gegenüber der einheimischen Bevölkerung das blühende Leben selbst.

Ich meldete mich unverzüglich bei meinen Königsberger Verwandten, die inzwischen im 50 km entfernten Senftenberg, Niederlausitz, untergekommen waren. Sie besuchten mich sofort, wir hatten uns seit 1944 nicht mehr gesehen. Am 7. November durfte ich das Lager verlassen und fand in Senftenberg ein neues Zuhause.

Von Deutschland aus stellte ich erneut Nachforschungen über den Verbleib meiner Mutter an. Von dem neu eingerichteten polnischen Konsulat erhielt ich nach Übersendung einer beträchtlichen Geldsumme die lakonische Mitteilung, daß sie bereits im Juni 1945 verstorben sei.

In diesem Moment glaubte ich, daß das Kapitel Polen für mich endgültig beendet sei, und zwar auf immer und ewig! Als man mir Anfang 1949 in der Berufsschule einen Aufnahmeantrag für die „Gesellschaft für deutsch-polnische Freundschaft" in die Hand drückte, zerriß ich diesen wutentbrannt.

Ich konnte ja nicht ahnen, daß ich schon in wenigen Jahren als Student nach Polen zurückkehren und auch die Orte meiner Kindertage aufsuchen würde, von der Bauersfamilie wie der verlorene Sohn begrüßt.

Aus: „Hungern und hoffen", Reihe ZEITGUT, Bd. 10.

[Stolp*), Pommern;
Dezember 1945–Ostern 1948]

Ingeburg Zimmermann

Überlebt

Zwischen Weihnachten und Neujahr 1946 ging in Stolp die Kunde um, Post sei eingetroffen. Gretchen, meine ältere Schwester, und ich liefen zum Rathaus, wo die Post ausgeteilt werden sollte. Wir hofften auf ein Lebenszeichen von unseren Verwandten. Viele Menschen warteten dort bereits. Ein Russe schüttete den Postsack aus, und die Leute fielen gierig über die Briefe und Karten her. Doch ehe wir uns versahen, hatte der Russe bereits Feuer gelegt. Wir wurden verjagt. Es war die reinste Schikane. Später ging es geordneter zu. Wir erhielten einen Brief von Muttis Eltern. Sie hatten sich in die Schweiz abgesetzt, waren also durchgekommen.

In diesen Wintertagen gingen wir immer früh zu Bett. Dadurch sparten wir Heizung, Petroleum und Nahrung. Manchmal, wenn ich vor Hunger nicht einschlafen konnte, setzte ich mich auf die Fensterbank und schaute zum Himmel hinauf. Der Mond wurde mein Freund. Ich erzählte ihm meinen Kummer. Er hörte schweigend zu, und es schien, als würde er lächeln. Eines Nachts entdeckte ich am Himmel einen großen und einen kleinen Stern. Von nun an glaubte ich, der große sei mein verstorbener Papa und der kleine mein verstorbenes Schwesterchen Gesine. Ich war sehr froh, denn für mich waren sie im Himmel. Zu meinen beiden kleineren Schwestern sagte ich, als ich ih-

*) heute Słupsk in Polen

nen die Sterne zeigte: „Nun brauchen wir keine Angst mehr zu haben, Papa guckt immer auf uns herab.“

Die Tage wurden wieder heller und länger. Der Frühling nahte. Einmal konnten wir so viel Fleisch bekommen, wie wir wollten! Wir aßen Frikadellen, Braten, Rouladen, alles aus Pferdefleisch, bis wir fast platzten. Es schmeckte uns.

Gretchen und ich gingen – wie schon letztes Jahr – auf die Dörfer, um Eßbares zu beschaffen. Auf einem Gut, es wurde nun von Polen und Russen bewirtschaftet, holten wir Milch. Als ein Russe, der die Milch austeilte, in der Kanne einer alten Frau etwas Wasser entdeckte, schrie er das Mütterchen an: „Frau, meine Augen sehen Wasser! Geh nach Hause, mach Kanne trocken. Will nicht hören von Hitlerschwein, das sagen, Russki panschen Milch!“

Ich konnte mit dem Vorfall nicht viel anfangen, ich war ja erst sechs Jahre alt. Gretchen erklärte mir auf dem Heimweg alles. Nun wußte ich, wer Hitler gewesen war.

In einem Dorf, wir fragten nach ein paar Kartoffeln, schlug ein polnischer Junge Gretchen mit dem Gewehr in den Rücken. Sie fiel lang hin, blieb liegen. Der Junge lief fort. Ich hatte viel Mühe, meiner Schwester wieder auf die Beine zu helfen. Sie weinte. Wir hörten noch, wie man uns nachrief: „Geht zu Hitler!“

Einmal, es war auf dem Heimweg und eine große Strekke lag noch vor uns, wimmerte Gretchen, ihr ganzer Körper würde wie Feuer brennen. Sie zog ihr Kleid aus und legte es in einen Wassergraben. Da sah ich große, rote Flekken auf Brust und Rücken, Armen und Beinen. Mit viel Mühe zog sie das Kleid wieder an, das kühle Naß sollte Linderung bringen. Da sie aber immer noch weinte, heulte auch ich. Zu Hause angelangt, wusch Mutti Gretchens Körper mit Essigwasser ab, aber das half nicht. Gretchen weinte die ganze Nacht.

Am nächsten Tag konnte sie nicht aufstehen. Sie war schwer krank. Da lag sie nun, in Schweiß gebadet und zitterte am ganzen Leib, obwohl es draußen heiß war. Wenn wir sie ansprachen, schien sie uns nicht zu hören. Mutti machte Wickel. Sie flößte ihr Wasser ein, aber Gretchen lag da, als wäre sie tot. Sie mußte trockengelegt werden, weil sie unter sich gemacht hatte. Da sahen wir es: Blut! Also auch Typhus – wie Papa!

Ich flehte: „Mutti, bitte, Gretchen darf nicht sterben! Papa und Gesine sind tot, Gretchen darf nicht auch noch sterben!“ Ich weinte und bettelte. Mutti war verzweifelt. Nun betete ich wieder. Zwar grollte ich dem lieben Gott immer noch wegen Papas viel zu frühem Tod, aber ich versuchte einzulenken. Jeden Abend schloß ich Vater in mein Gebet ein.

Da Gretchen nicht mehr mit mir betteln gehen konnte, entfernte ich mich aus Furcht nicht so weit von zu Hause, blieb in der Stadt. An den Einfahrten zu den großen Straßen hatten die Russen Tore errichtet, auf denen Stalin sowie Hammer und Sichel abgebildet waren. Dazu hatten sie rote Fahnen aufgestellt. Zwei Russen hielten Wache.

Einmal lief der eine Posten, groß wie ein Baum, auf mich zu. Ich hatte furchtbare Angst. Er blieb vor mir stehen und beugte sich zu mir herab. Da ich gelernt hatte, in Gesichtern zu lesen, merkte ich bald, daß seine Augen mich lieb anschauten. Freundlich sagte er zu mir: „Malenka, du singen ‚Stille Nacht'! Du chleb.“

Chleb bedeutet Brot. Aber ich konnte doch gar nicht singen! Er merkte wohl, daß es nicht ging. Er zeigte auf die Uhr an seinem Arm und deutete mir an, daß ich am nächsten Tag um die gleiche Zeit singen sollte. Ich bekam ein Stück Brot und durfte gehen. Heute weiß ich, wie Mutti zumute gewesen sein muß, mitten im Sommer mit mir ein Weihnachtslied zu üben, sie hatte genug Sorgen. Die Melodie saß bald, aber der Text war so schwer. Abends im Bett übte ich immer noch bis in den Traum hinein.

Am anderen Tag ging ich folgsam erneut zu dem Tor. Mein Herz schlug bis zum Hals! Der Russe aber war nicht zu sehen. Hatte ich ihn nicht richtig verstanden?

Ich hielt Ausschau. Soldaten kamen anmarschiert. Gewehr ab, Gewehr auf! Zwei Russen traten aus der Menge.

Die beiden, die vor dem Tor gestanden hatten, gingen zu den anderen hinüber und marschierten mit ihnen davon.

Plötzlich stand er vor mir!

Der Riese nahm mich an die Hand: „Du singen!“

Meine Kehle war wie zugeschnürt. Ich brachte keinen Ton heraus. Er summte die Melodie. Meine Angst ließ nach, und mit piepsiger Stimme sang ich „Stille Nacht“. Der Russe hielt Wort, ich bekam ein halbes Brot! Wie oft mußte ich dieses Lied noch singen, immer und immer wieder!

Gretchen ging es noch sehr schlecht. Sie schlief mit mir im Kinderzimmer. Mutti mußte ständig hin- und herlaufen. Schließlich nahm sie Gretchen mit ins Schlafzimmer. Jetzt fand ich ein paar Stunden Ruhe.

Eines Nachts wachte ich auf. Am ganzen Körper juckte es, auch an den Händen. Im Schlaf hatte ich mich bereits blutig gekratzt. Ich hielt es im Bett nicht mehr aus.

Am nächsten Tag meinte ein alter Mann, ich hätte die Krätze. Mutti und meine beiden kleinen Schwestern, Rita und Molly, bekamen ebenfalls diese Krankheit. Der Alte schaute auch nach Gretchen. Er brachte eine Flasche Wodka mit und riet, sie solle davon trinken, unbedingt, koste es, was es wolle!

Gretchen war so dünn geworden, ihre Augen waren immer geschlossen, die Lippen rissig, der Rücken war durchgelegen, und die Haare fielen ihr aus. Sie war sich gar nicht mehr ähnlich. Immer wieder versuchte Mutti, ihr den Wodka einzuflößen. Anfangs reagierte sie nicht, aber dann muß es wohl ihren Lippen weh getan haben, denn sie fing zu weinen an. Jetzt wußten wir, sie wird gesund werden!

Ganz langsam nahm Gretchen wieder Nahrung zu sich, lernte zu sitzen, zu stehen und zu gehen. Eigentlich hätte Mutti den Typhusfall melden müssen, aber der alte Mann hatte abgeraten. Es war gut so, Gretchen hätte, wäre sie ins Krankenhaus gekommen, sicher nicht überlebt.

Die Krätze machte uns schon genug zu schaffen, dazu kamen jetzt noch Läuse. Es war so schlimm, daß Mutti uns die Haare abschneiden mußte. Wir sahen putzig aus. Die

Läuse waren wir mittels Petroleum bald los. Aber die Krätze noch lange nicht!

Im Sommer 1946 zogen die Russen ab. Es ging ganz heimlich vor sich, so daß wir es kaum bemerkten. Dafür kamen die Polen. Nun waren sie die Herren hier.

Der Russe, dem Mutti Weihnachten 1945 auf sein Verlangen hin Christbaumschmuck gegeben hatte, wies als bisheriger Kommandant die Polen ein. Als diese uns aus der Wohnung vertreiben wollten, konnte er es verhindern. Die polnische Familie mußte im Parterre einziehen.

Betteln und Stehlen wurden immer schwieriger. Unsere Nahrung bestand aus Kartoffeln, Öl und Heringslauge. Brot war teuer. Die Währung war jetzt der Zloty. Woher aber nehmen? Wie gut, daß Gretchen und ich in den Monaten zuvor auf unseren Streifzügen alles Mögliche mitgenommen hatten. Jetzt konnte ich manches verkaufen.

Die Polen nahmen alles in Besitz. Auch der schöne Garten gehörte uns nicht mehr. Den großen Kirschbaum, an dem meine Schaukel hing und der im Frühjahr so herrliche Blüten trug, durften wir nicht mehr berühren. Heimlich wünschte ich mir, der Baum wäre tot.

Eines Nachts ging über Stolp ein gewaltiges Gewitter nieder. Es blitzte und krachte, als wollte die Welt untergehen. Der Himmel war gelb erleuchtet, dann ein Knall! Vom Küchenfenster aus konnten wir zusehen, wie der Kirschbaum, in zwei Hälften gespalten, zur Erde sank. Nie mehr würden andere seine Früchte essen! Hatte ich das tatsächlich gewollt?

Gretchen war immer noch krank, und Mutti mußte bei meinen beiden kleinen Schwestern zu Hause bleiben. Also sorgte ich bis in den Herbst hinein allein für die Familie. Konnte ich auf dem Markt schon handeln und feilschen, so lernte ich nun auch das Betrügen.

Waren ein paar Zlotys da, mußte ich einkaufen gehen, auch für Krügers, unsere Nachbarn. Da es nur lose Ware gab, mußte ich für Öl leere Flaschen mitnehmen. Mutti gab 10, Frau Krüger 20 Zlotys. Nach dem Kauf füllte ich so viel Öl aus der einen in die andere Flasche, bis beide gleich voll waren. Einmal ist mir dabei etwas Schlimmes passiert: Beim Umfüllen fiel mir eine Flasche aus der Hand und zerbrach. Das Öl breitete sich auf dem Gehweg aus. In meiner Not ging ich in den Laden zurück, in der Hoffnung, der Pole würde mir helfen, aber weit gefehlt! Er lachte mich noch aus! Zu Hause gab Mutti das Öl Frau Krüger, und wir mußten, wie so oft, die Kartoffeln trocken essen.

Jeder Tag war ein erneuter Kampf ums Überleben. Wie oft wurde mir vor der Nase die Tür zugeschlagen, wenn ich höflich nach einem Stückchen Brot fragte! Wie oft wurde ich ausgelacht und gedemütigt! Ich konnte nicht begreifen, warum die Menschen so böse auf mich waren. Ich war doch noch ein Kind! Ich holte heran, was ich konnte, blieb tage- und nächtelang von zu Hause weg. Meine Füße waren schon wundgelaufen und schmerzten. Die Wege waren weit, für ein kleines Mädchen zu weit! Aber ich gab nicht auf. Die Nächte verbrachte ich in Feldscheunen. Mutti war jedesmal froh, wenn ich wohlbehalten zu Hause ankam.

Zu der polnischen Familie, die in die untere Wohnung eingezogen war, gehörten drei Kinder: Lottja, Janek und Wittek. Lottja ging nicht mehr zur Schule, sie war älter als Gretchen. Janek mochte so alt wie Gretchen gewesen sein, Wittek war in meinem Alter. Lottja war ein liebes Mädchen, fleißig und sehr klug, sie sprach gut deutsch. Wenn sie uns heimlich ein Stück Brot gab, und das geschah oft, legte sie den Zeigefinger an die Lippen. Lottja ging täglich auf den Markt, um frische Pfannkuchen zu verkaufen.

An einem Sonntag, ich saß auf der Treppe vor dem Haus in der Sonne und wartete, daß die häßlichen Kopfschmerzen aufhörten, kam Wittek um die Ecke. Als er mich sah, fing er zu zanken an. Er ließ nicht locker. „Hitlerschwein!" und anderes warf er mir an den Kopf, schmiß mit Steinen nach mir, bis mich einer traf. Jetzt reichte es!

Ich rannte zu ihm hin. Entgegen Muttis Warnung, mit den polnischen Kindern nicht zu streiten, sondern besser wegzulaufen, verprügelte ich ihn so richtig! Wittek schlug zurück. Sicher mußte ich mehr Schläge als er einstecken. Er aber schrie wie am Spieß. Mir war auch zum Heulen, aber ich schluckte tapfer die Tränen hinunter.

Da tauchte Lottja auf. Er brüllte: „Niemka mnie bije!"

Lottja nahm ihren Bruder an die Hand und kam zu mir herüber. „Nun wirst du etwas erleben", dachte ich. Sie fragte, was geschehen sei. Ich erklärte es ihr, hatte aber immer noch Angst. Sie hingegen schnappte sich ihren Bruder und versohlte ihm den Po. Danach sperrte sie ihn in die Besenkammer. Noch von oben konnte ich ihn schreien hören. In diesem Moment nahm ich mir vor, gegen den Haß anzukämpfen. Es gelang mir nicht sofort. Ich benötigte viele Jahre dafür. Nicht zu hassen ist jedoch ein gutes Gefühl.

Wittek und ich waren nicht lange böse aufeinander. Er lernte von mir Deutsch, ich von ihm Polnisch. Kinder sind eben Kinder, gleich welcher Nation.

Als der Winter 1946 kam, konnte Gretchen immer noch nicht mit mir auf Streifzüge gehen. Bevor ich mich wieder allein auf den Weg machte, steckte ich zwei heiße Kartoffeln als Wegzehrung und zum Wärmen in die Taschen.

Zwischen den Häusern unserer Straße fühlte ich mich noch nicht so alleingelassen. Sobald ich aber die Briskower Chaussee erreichte, stieg in mir die Angst hoch. Die riesigen, alten Bäume sahen im Mondlicht gespenstisch aus. Ihre Zweige warfen eigenartige Schatten auf den Asphalt. Um meine Furcht zu bezwingen, sagte ich mir immer wieder: „Du hast keine Angst!"

Wenn ich bloß bessere Schuhe besessen hätte, dann wäre mir das Laufen etwas leichter gefallen. Doch ich hatte nur zwei linke Schuhe, der eine drei Nummern zu groß.

Die Polen kannten mich schon. Hier bekam ich eine Handvoll Kartoffeln, dort ein bißchen Milch oder ein Stück Brot. Manchmal luden sie mich zu einem Teller Suppe ein. Das Brot, das dazu gereicht wurde, steckte ich immer in meinen Beutel für zu Hause.

Nach Weihnachten schneite es heftig. Der Winter wurde zur Qual. Die Krätze hielt an. Der Eiter gefror unter der

Haut. Riesige Wunden bedeckten meine Hände und meinen Rücken. An manchen Stellen waren die Knochen zu sehen. Trotzdem war ich täglich unterwegs, immer in eine andere Himmelsrichtung. Schneestürme fegten über das Land. Die Schneeflocken wirbelten so dicht, daß ich oft die Orientierung verlor. Den Schlitten konnte ich nur mit einer Schulter ziehen, denn die Hände schmerzten zu sehr. Auf dem Heimweg fror meine Habe. Bei Brot und Milch war das nicht so schlimm, aber die Kartoffeln schmeckten dann süß.

Die Tage wurden wieder länger, aber auch kälter. Rita ging nun mit mir, aber nur bis in die Stadt. – Und endlich war Gretchen wieder gesund und die Krätze bei uns allen abgeheilt.

Im Frühjahr 1947 begannen die Polen, die Deutschen aus Pommern auszuweisen. Wir verkauften, was wir noch besaßen, zu Schleuderpreisen.

Im Juli war es auch für uns soweit. Unser Gepäck bestand aus Brot, einem Aluminiumtopf mit Holzgriffen, einer Bibel und einem Foto von Papa. Sammelplatz war die Mädchenschule. Hier blieben wir einige Tage, so daß wir noch einmal das Grab von Papa und Gesine besuchen konnten. Es sollte ein Abschied für immer gewesen sein.

Am 12. Juli wurden wir in Viehwaggons getrieben. Der Zug war zwar lang, aber auf dem Bahnsteig standen sehr viele Menschen. Die Waggons wurden mit Querbalken verriegelt, nur in Augenhöhe blieben sie etwas geöffnet. Als der Zug sich in Bewegung setzte, begannen die Menschen, mit Tränen in den Augen, „Nun ade, du mein lieb Heimatland“ zu singen. Ich fragte mich, warum sie denn weinten, es ginge doch jetzt heim ins Reich. – Viel später, als wir dieses Lied in der Schule singen mußten, sah ich das Bild vom Bahnhof in Stolp wieder vor mir. Plötzlich begriff ich. Schluchzend rannte ich aus dem Klassenzimmer.

Aus: „Nachkriegs-Kinder“, Reihe ZEITGUT, Bd. 2.

[Mochau*), Oberschlesien; 1945]

Elisabeth Schmack

Als Mutter das Brot brach

Wir waren nach der Flucht vor den Kämpfen um Gleiwitz im Januar 1945 bei der Großmutter in einem Dorf am Flüßchen Hotzenplotz untergekommen, wo wir fast jedes Jahr unsere Sommerferien verbrachten. Nun lernten wir es im Winter kennen. Doch auch hier holte der Krieg uns ein und überrollte uns. Der polnische Bürgermeister, von den Russen eingesetzt, duldete keine „Fremden" im Dorf und wies uns aus. Egal, in welche Richtung. So waren wir seit Tagen unterwegs, Richtung Sonnenuntergang. Natürlich zu Fuß, die einzige Fortbewegungsmöglichkeit in dieser Zeit und in dieser Gegend. Mit Hilfe einer zerlernten Schulkarte hofften wir, die „Graniza" zu erreichen und jenseits vielleicht eine Bleibe zu finden. Dort, wo man unsere Sprache spricht und versteht.

Auf den unübersichtlichen Waldwegen hatten wir uns verlaufen. Aber Straßen und Dörfer waren tabu. Wer wollte schon in das unberechenbare Gewimmel siegestrunkener Soldaten geraten, wenn er's gerade hinter sich hatte! In einer verfallenen Bergscheune fanden wir ein Nachtquartier. Als Mutter gerade das letzte Brot unter uns teilte, knarrte die Scheunentür. Schreck ließ uns erstarren. Wir waren in dieser Zeit nicht allein unterwegs, doch hatten wir in der Waldeinsamkeit lange kein menschliches Wesen mehr getroffen. – Jetzt warf das Abendlicht plötzlich

*) heute Muchów in Polen

vier lange Schatten auf unser Lager. Eine Frau und drei Kinder, zaunlattendünn, ohne jegliches Gepäck und ebenso vor uns erschrocken wie wir vor ihnen. Keine Bewegung war zu sehen, kein Geräusch zu hören, nicht einmal ein Windhauch war zu spüren. Wir alle hielten den Atem an.

Mutter brach den Bann, indem sie ihren Brotkanten in zwei gleiche Hälften teilte. Uns sah sie dabei bedeutungsvoll an. Ich ahnte, was sie damit meinte und blickte trotzig zur Seite. Bruder und Schwester zögerten. Dann taten sie es der Mutter nach. Ich saß in Besitzerpose da, völlig verständnislos. Ja, sollte ich etwa mein letztes Brot mit den Fremden teilen? Keiner wurde satt, wenn die Stücke noch kleiner waren. Konnte Mutter denn nicht logisch denken? In meinen Gedanken, die sich im Kopf wie ein Karussell drehten, warf ich ihr Verrat an den eigenen Kindern vor.

Mutter fackelte nicht lange. Aus meinem Stück hatte sie rasch zwei kleine produziert. Aber die ließ sie vor mir liegen. So, nun tu! Aber was?

In mir flüsterte eine Stimme: „Beiß doch ab! Runter damit und gut!“ Warum nur konnte ich das nicht? Obwohl ich die Augenlider gesenkt hielt, war mir, als schauten mich hundert Augen an. Mir wurde immer heißer, als hätten mich Scheinwerfer im Visier. Vor mir war eine Gemeinschaft. Und keiner sagte ein Wort. Ich fühlte mich ausgeschlossen, während die andere Seite abwartend stand. Nicht etwa wie Bettler. Ich fühlte, daß sie respektieren würden, wofür ich mich entschied.

Noch nie war ich so in der Klemme. Wie unter Zwang hob ich die Augen. Mein Blick fiel auf die drei Kleinen, die sich an den Händen hielten. Und auf einmal, so Auge in Auge, fiel etwas in mir zusammen. Ich legte meine Hälfte zu den anderen Stücken und fühlte mich endlich wohler.

Warum das so war, begriff ich erst viel später. Das kleine Erlebnis war Grundstein für die Erkenntnis, daß Brotteilen mehr ist als Hunger stillen. Es kann Hoffnung sein.

Aus: „Gebrannte Kinder“, Reihe ZEITGUT, Bd. 1.

[Marklissa*), Niederschlesien – Görlitz;
Frühling–Sommer 1945]

Hildegard Böltz

Vater und die Russen

Wir hatten bisher Glück gehabt: Der Zweite Weltkrieg mit seinen Schrecken und Greueln hatte unser kleines Städtchen in Niederschlesien irgendwie übersehen. Es gab keine Bomberangriffe, nur ab und zu Bombenalarm, worauf wir ein paar Stunden im Vorratskeller zwischen Sauerkrautfaß und Generationen von Eingemachtem verbrachten. Durch Hinzufügen eines Feuerlöschers, eines Sandeimers und mehrerer Verbandskästen war dieser inzwischen zum Luftschutzkeller aufgestiegen.

Tagsüber gingen wir Kinder einer von den Eltern verbotenen Leidenschaft nach: Wir sammelten in Feld und Wald „Lametta", das in diesen Kriegstagen vom Himmel „regnete". Wir wußten natürlich, daß es sich um Bündel von silbernen Metallfäden handelte, die von feindlichen Flugzeugen abgeworfen wurden, um das Radar der Flakabwehr zu irritieren. An sich ein harmloser Spaß, jedoch nicht in diesen Tagen, da wir Gefahr liefen, unter Tieffliegerbeschuß zu geraten. So war der Krieg für uns, die wir im Alter zwischen acht und 12 Jahren waren, bis zu jenem April 1945 mehr Spielerei und Abenteuer. Wenn auch an vielem Mangel herrschte, hatten wir doch bis dahin auf dem Lande nicht hungern müssen.

Nun aber ging der Krieg in die „Endrunde". Etwas Bedrohliches lag in der Luft. Von Ferne hörte man Tag und

*) heute Leśna in Polen

Nacht Kanonendonner. Vater und Großvater zerbrachen sich die Köpfe, wo man die weiblichen Familienmitglieder, einschließlich mich mit meinen neun Jahren, in Sicherheit bringen könnte. Eine einsame Hütte in den Bergen des Isergebirges wurde verworfen: Blieben wir unentdeckt – wunderbar. Würden wir jedoch entdeckt, war das unser sicheres Ende. Dieselbe Ablehnung traf auch unseren Heuboden. Das wurde zwar nicht vor uns Kindern besprochen, doch wir bekamen es trotzdem mit, und das machte die Sache eigentlich noch schlimmer. So beschloß die Familie, beisammen zu bleiben; komme, was da wolle.

Die Bogenbrücke über den Queis bei Marklissa. Mutige Bürger, auch mein Vater, verhinderten ihre Sprengung.

Einige Bürger unseres Ortes, darunter auch mein Vater, verhinderten kurz vor Kriegsende die von der Wehrmacht beabsichtigte Sprengung unserer schönen Bogenbrücke über den Queis. Daß eine solche Aktion auch eine standrechtliche Erschießung nach sich ziehen konnte, war mir damals – wie so vieles andere – Gott sei Dank nicht bewußt. Aber in welchen Ängsten müssen die Erwachsenen geschwebt haben!

Und welch ein Witz der Geschichte: Kurz vor Kriegsende wurde eben diese Brücke von einer Fliegerbombe getroffen, fast genau in der Mitte. So konnten später die kaputten Enden gehoben und die Brücke schnell wieder provisorisch befahrbar gemacht werden.

Inzwischen schrieben wir den 7. Mai 1945. Die Spannung wuchs von Tag zu Tag. Die Erwachsenen hätten am liebsten hinausgeschrien: „Macht Schluß mit dem Wahnsinn! Macht Schluß! Macht Schluß!“ Aber obwohl der Krieg längst verloren war, durfte es nicht ausgesprochen werden. Das wäre „Wehrkraftzersetzung“ gewesen – das schlimmste Verbrechen mit entsprechend radikalen Folgen.

Auch ich als Kind spürte diesen Druck, diese Spannung. Ich durfte nun nicht mehr fortgehen, mußte im Haus oder im Garten in Sichtweite bleiben.

Gegen Abend verstärkte sich der Kanonendonner, und als zusätzlicher Schrecken wurde das Haus gegenüber von einer Bombe getroffen. Da saßen wir aber bereits im Keller und wußten nicht, ob es unser Haus oder ein anderes getroffen hatte. Denn das bekommt man im ersten Moment durch den Lärm, die Druckwelle und das Bersten von Stein und Glas nicht so genau mit. Die ganze Nacht verbrachten wir angespannt im Keller.

In den frühen Morgenstunden war es auf einmal sehr ruhig geworden. Man hörte nichts mehr, rein gar nichts. Dann – vorsichtige Schritte an der Hauswand entlang. Stiefel. Erst einzelne, dann immer mehr. Es fing an, hell zu werden. Vater und Großvater wagten sich aus dem Keller in die Wohnung hinauf und hängten zum Zeichen unseres ganz persönlichen Friedenswillens ein weißes Laken aus dem Fenster. Für uns war der Krieg damit beendet, und später an diesem 8. Mai kam dann endlich, endlich die ersehnte Nachricht von der endgültigen Kapitulation Deutschlands.

Alle waren erleichtert und froh. Nur schien es mir, als mischte sich in die Freude ein Wermutstropfen, ein Schatten, der für mich nicht faßbar war. Ich verstand die Welt nicht! Denn eigentlich hätte das doch ein ungetrübter, nicht zu übertreffender Glückstag sein müssen! Zumal wir noch einmal Glück hatten: Die einrückenden Russen ließen uns weitgehend in Ruhe. Sie stürmten zwar in die Wohnung und nahmen einiges an Kleidung mit, insbesondere die Lederjacke und den Ledermantel meines Vaters. Aber selbst mir erschien das ein sehr geringer Verlust, ja, ein verdienter Preis für die Russen, die sicher auch einiges mitgemacht hatten, wenngleich ich damals nicht die geringste Ahnung von dem tatsächlichen Ausmaß an Leiden und Unrecht hatte. – Die Erwachsenen waren ja in der Kriegszeit äußerst vorsichtig, ihre wahren Gedanken vor uns Kindern zu äußern, da wir uns leicht hätten verplappern und so die gesamte Familie im Rahmen der „Sippenhaft" hätten gefährden können.

Die Russen richteten bei uns im Ort eine „Kommandantura" ein.

Jetzt muß ich zum besseren Verständnis meinen von mir über alles geliebten Vater vorstellen: Er war Kraftfahrzeugmeister von altem Schrot und Korn; er war mit Autos großgeworden und hatte statt Blut Öl und Benzin in den Adern. Seit vielen Jahren war er selbständig mit einer Auto- und Motorradwerkstätte.

Nachdem die Russen dies spitzgekriegt hatten, kamen sie Tag und Nacht und holten ihn für die Reparaturen liegengebliebener Militärfahrzeuge einfach ab. Sie sprachen nicht viel, nur: „Mitkommen! Dawai, dawai!"

Die ersten Male gerieten wir fast in Panik und befürchteten, unseren Vater nicht wiederzusehen. Aber weit gefehlt! Die Russen erwiesen sich als äußerst dankbare Kunden. Nicht nur, daß Vater immer wieder zu uns zurückkehrte, wenn auch manchmal erst nach ein, zwei Tagen. Er wurde auch reich beschenkt! Ich glaube, wir hätten damals mit Würsten, Speck und Wodka handeln können.

Außerdem mußte Vater an den Trinkgelagen auf der Kommandantur teilnehmen. Nur gab es da ein Problem: Er war nämlich ein sehr mäßiger Trinker, während die Russen den Wodka aus Wassergläsern hinunterschütteten. So bestach Vater eine Küchenhilfe, die ihm immer wieder ein

Glas Wasser hinstellte, das er dann auf „ex“ mit den Russen leerte. Und sie waren begeistert, wieviel mein Vater vertrug, ja, daß er sie sogar unter den Tisch trank! Wenn dann alle besoffen genug waren – von betrunken konnte man da wirklich nicht mehr sprechen – und schnarchend unter den Tischen lagen, ging mein Vater seelenruhig nach Hause.

Überhaupt war es ein eher friedlicher Sommer. Die Russen kochten auf dem Platz vor unserer Werkstätte ihr Essen in der Gulaschkanone, und wenn Kinder in die Nähe kamen, gaben sie ihnen zu essen.

In dieser Zeit begannen die ersten Transporte von Deutschen aus unserer Stadt in den Westen. Da wurde mir zum erstenmal richtig klar, daß mit dem Kriegsende und dem Einzug der Russen doch nicht alle Probleme gelöst waren. Bedrückt fragte ich meine Mutter, wann denn die Russen wieder abziehen würden, aber sie fing an zu weinen und sagte: „Ach Kind, das weiß kein Mensch.“

Das konnte ich nicht fassen. Es mußte doch irgendwelche Spielregeln für das Kriegsende geben!

Es folgte eine weniger schöne und sehr aufregende Zeit: Die Russen verließen Schlesien und dafür rückten die Polen nach. Wir waren schließlich freiwillig bereit, aus unserer Heimat wegzugehen. Aber die Polen hinderten uns daran, da sie Vater und seine Werkstatt brauchten.

Und das Schlimmste für mich war: Ich hatte keine Möglichkeit, eine Schule zu besuchen. Später mußte ich die zwei verlorenen Jahre schnellstens nachholen.

Am 24. Juli 1947 wurde ich mit meiner Familie in einen Viehwaggon gesteckt und über Frankfurt/Oder und Thüringen nach Görlitz verfrachtet. Und es war wieder Krieg. Kalter Krieg.

Aus: „Gebrannte Kinder“, Reihe ZEITGUT, Bd. 1.

[An der Katzbach bei Liegnitz*), Niederschlesien;
Frühjahr 1945]

Hanna Rieck

Der See

Am Ende eines langen, warmen Frühlingstages hatte der Treck die Stadt erreicht. Die Pferde waren müde und drohten auf den gewölbten Straßen, die mit Basaltsteinen gepflastert waren, auszurutschen. Die Kutscher mußten gehörig aufpassen, daß die Tiere nicht hinfielen. Unsere Pferde mußten gleich zwei Wagen ziehen: den Planwagen und die angehängte schwarze Kutsche. In dem Planwagen mit unserer geringen Habe fand auch der Kinderwagen mit meiner sieben Monate alten Cousine Platz.

Früher waren wir sonntags in der Kutsche spazierengefahren, oder die Erwachsenen hatten sie benutzt, um in der Kreisstadt wichtige Dinge zu erledigen. Aber das war vor unserer Flucht aus Petersdorf, Kreis Liegnitz, gewesen. Jetzt diente sie unserer Großmutter und uns Kindern als Unterkunft. Unter dem Kutschdach waren wir vor Regen, Kälte und in der Dunkelheit geschützt.

An diesem Abend durften wir neben den Fahrzeugen hergehen. Ich konnte mich nicht sattsehen an dem mit strahlend hellen Sternen übersäten Firmament. Es wirkte, als wollte der Himmel sehen, was auf der Erde los ist.

Nachdem wir die Stadt durchquert hatten, kamen wir auf eine große Wiese am Fluß, die uns Flüchtlingen als Lagerplatz zugewiesen worden war. Die Planwagen wurden in Reih und Glied aufgestellt und die Pferde auf die be-

*) heute Legnica in Polen

Flüchtlingstreck in Schlesien 1945.

nachbarte Koppel gebracht, damit sie fressen und sich ausruhen konnten.

Bald hatten sich auch die Menschen auf dem Platz eingerichtet. Die beiden jüngsten von uns fünf Kindern durften in der Kutsche schlafen, Oma auch. Wir „Großen" – ich war mit secheinhalb die Älteste – mußten unter dem Planwagen liegen, auf Pferdedecken und in unförmige dunkelblaue Trainingsanzüge gesteckt.

Ich schlief wenig in dieser Nacht. Durch die Nähe des Flusses gab es viele Mücken. Immer wieder wachte ich auf und war damit beschäftigt, sie von meinem Gesicht zu vertreiben. Ich glaube, ich habe auch geweint – wie so oft in dieser Zeit. Ich fühlte mich alleingelassen. Die Erwachsenen kämpften ums Überleben und hatten wenig Zeit für die Nöte von uns Kleinen.

Endlich brach der neue Tag an. Wir entledigten uns schnellstens der dicken Anzüge. Es wurde so warm, daß wir im Fluß baden konnten. Bis zum Abend, für den uns eine Unterkunft in einem nahegelegenen Schulgebäude versprochen war, erkundeten wir die Umgebung.

Ein schmaler Weg, mehr ein Trampelpfad, führte durch hohes Schilf zu einem kleinen See. Man konnte ihn kaum sehen. Ich weiß nicht, wie wir den Rest des Tages verbracht haben, jedenfalls war es wieder Abend geworden.

In der Dämmerung liefen plötzlich viele Leute in die Richtung, in der der See lag. Als auch wir dicht genug dran waren, sahen wir zwei alte Leute, einen Mann und eine Frau, die sich an den Händen gefaßt hatten und ganz langsam ins Wasser gingen, Schritt für Schritt – und niemand hielt sie auf.

Bald waren sie verschwunden. Für sie war die Flucht zu Ende.

Aus: „Gebrannte Kinder. Zweiter Teil", Reihe ZEITGUT, Bd. 7.

[Greifenberg**), Hinterpommern – Barth, Mecklenburg-Vorpommern – Stettin*) – Pasewalk – Anklam – Jarmen – Demmin – Grimmen – Barth;
Mai/Juni 1945]

Ursula Wellner

Rückfahrkarte nicht inbegriffen

Nach unserer Flucht aus Greifenberg, Hinterpommern, waren wir bei Kriegsende in der kleinen Ostseestadt Barth, nahe Stralsund, untergekommen. Am 16. Mai 1945 erhielten meine Eltern und ich die Aufforderung, uns im Barther Hafen einzufinden. Im Zuge der Rückführung sollten wir per Schiff in unsere alte Heimat Hinterpommern gebracht werden. Die Freude war riesengroß!

Wir packten also voller Hoffnung auf eine bessere Zukunft unser kärgliches Hab und Gut wieder zusammen und begaben uns zum festgesetzten Zeitpunkt zum Hafen. Ein alter, langer Kahn, wohl für Holz- und Kohletransporte gebaut, nahm die Barther Flüchtlinge Richtung Osten auf.

So hockten wir, unseren Koffer als Sitzplatz nutzend, dicht nebeneinander, erschöpft, jedoch glücklich über die Aussicht, die alte Heimat wiederzusehen. Wir glaubten natürlich, daß alles durch gesetzliche Abmachungen abgesichert sei. Im Stralsunder Hafen mußten wir noch enger zusammenrücken, da hier weitere Flüchtlinge aufgenommen wurden. Unsere hoffnungsvolle Stimmung war leicht gedrückt, als wir bei Gesprächen erfuhren, daß bereits ein Kahn auf der Fahrt nach Osten gesunken sei. Er war auf eine Mine gelaufen.

Andere Flüchtlinge aus Stralsund hatten erfahren, daß russische Soldaten auf diesen Seereisen die Gelegenheit

---

*) heute Szczecin und **) Gryfice in Polen

nutzten, um zu plündern und Frauen zu vergewaltigen. Als meine Mutter das hörte, drückte sie mir schweigend eine Rasierklinge in die Hand und sah mich nur liebevoll an. Ich hatte sie verstanden und steckte die Klinge schweigend in die Brusttasche. Ich war damals 20 Jahre alt.

Am katastrophalsten waren die sanitären Einrichtungen an Bord. Da das Wetter jedoch frühlingshaft war, die Sonne sich im Wasser spiegelte, hielt ich mich viel auf dem Deck auf und genoß die frische Luft und die herrliche Aussicht. Diese Seefahrt hatte etwas Abenteuerliches an sich und ließ uns deshalb alle Unannehmlichkeiten leichter ertragen. Wir glaubten, nichts mehr verlieren zu können.

Unbeschreiblich schön war die Fahrt durch das Oderhaff. Wir vergaßen eine Zeitlang alle Beschwernisse dieser Seereise und bewunderten die unberührte Natur. Als wir am 20. Mai im Hafen von Stettin anlegten, bewegte uns jedoch nur noch die eine Frage: „Wie werden wir weiter nach Hinterpommern transportiert?“

Im Hafen von Stettin erwarteten wir von der polnischen Behörde Hinweise dazu. Doch nichts dergleichen geschah. Etwa zweihundert Menschen standen mit Kindern und Gepäck dicht beieinander.

Endlich erschienen zwei Beamte der polnischen Behörde und erklärten uns in gebrochenem Deutsch, daß Hinterpommern jetzt zu Polen gehöre und kein Deutscher die Genehmigung erhalte, in polnisches Gebiet überzusiedeln. „Hitler, Krieg verloren“, das bedeutete: zurück nach Deutschland!

Um den Hafen zu räumen und uns vorerst ein Dach über dem Kopf zu geben, wies uns ein polnischer Beamter mit höherem Dienstgrad vorläufig in einige in der Nähe leerstehende Häuser ein. Da meinem Vater das Treppensteigen große Schwierigkeiten bereitete, wählten wir eine Wohnung im Erdgeschoß, in der ein Schneider gelebt hatte. In seinem Arbeitsraum befand sich ein riesiger Tisch, auf dem ein halbfertiger Damenrock lag. Und in der Küche stand noch immer das unsaubere Geschirr, das wohl zu einer letzten Mahlzeit benutzt worden war. Alles deutete darauf hin, daß die Wohnung fluchtartig verlassen worden war. Wir erinnerten uns daran, wie wir unsere Wohnung in Greifenberg verlassen hatten.

Ein älterer, sehr sympathischer, grauhaariger Kriminalbeamter, der sich uns auf der Seereise angeschlossen hatte, belegte in dieser Wohnung ebenfalls ein Zimmer und wurde von uns mit betreut. Wir teilten alles mit ihm. Da unsere Vorräte fast verbraucht waren – wir besaßen nur noch ein Beutelchen mit Erbsen und eine Kanne voll Rübensirup –, gingen wir in leerstehende Häuser und suchten vom Keller bis zum Boden nach Eßbarem. Eine ölige Flüssigkeit in einer Flasche identifizierten wir als Speiseöl und benutzten sie zum Braten. Doch der Irrtum schlug uns schnell auf den Magen, Brechreiz und Durchfall waren die Folge.

Kartoffeln, die wir noch in irgendwelchen Kellern fanden, wurden sehr schnell in Sicherheit gebracht, da alle Flüchtlinge etwas Eßbares aufzuspüren versuchten.

Durch Bekannte erfuhren wir, daß sich jenseits der bombardierten Oderbrücke eine Zuckerfabrik befand, in der große Mengen Zucker gelagert sein sollten. Meine Mutter und ich griffen, ebenso wie andere Flüchtlinge, unsere Taschen, um die abenteuerliche Jagd nach dem begehrten Nahrungsmittel aufzunehmen. Ich versuchte, mich am beschädigten Geländer der Oderbrücke festzuhalten und Schritt für Schritt weiterzukommen, ohne ins fließende Wasser zu sehen. Es gelang mir jedoch nicht, da ich nicht schwindelfrei bin. Ich mußte aufgeben. Meine 60jährige Mutter hingegen hielt tapfer durch. Sie kam mit einem großen Beutel Zucker zurück, den sie in der rechten Hand hielt, während sie sich mit der linken Hand an den Resten des Geländers in Richtung Ufer entlanghangelte.

Die Probleme wurden immer größer. Bald gab es kein fließendes Wasser mehr; wir mußten kilometerweit laufen, um eine Kanne Trinkwasser aus einer Pumpe zu schöpfen. Auch die Toiletten waren ständig verstopft. Darmkrankheiten blieben so nicht aus. Die Melde am Wegrand wurde unser begehrtestes Nahrungsmittel. Wir kochten sie wie Spinat.

Da die Polen Arbeitskräfte benötigten, um die Stadt wieder bewohnbar zu machen, wurden wir zu Arbeitseinsätzen auf der Hakenterrasse beordert. Wir mußten unter polnischer Aufsicht hacken, graben, harken...

Ein Aufseher schenkte mir besondere Aufmerksamkeit. Als er aber merkte, daß ich mich nicht durch bevorzugte Behandlung kaufen ließ, hatte ich meine Ruhe.

Die Zeit in Stettin hatte aber auch etwas Gutes. In einer halbzerstörten Autogarage entdeckte ich eine wunderbare Bibliothek. So stöberte ich in den Büchern umher und verschaffte mir beim Lesen einige besinnliche Stunden.

Manche deutsche Flüchtlinge bedienten sich auf ihre Weise. Sie unternahmen Raubzüge in die leerstehenden großen Stadthäuser und stahlen wertvolle Gegenstände. Sie stellten die kostbarsten Möbel in ihre Wohnungen. Und Trinkgelage waren keine Seltenheit.

Eines Tages kamen zwei Polen in unsere Wohnung. Sie hatten ein amtliches Schreiben dabei und erklärten uns in gebrochenem Deutsch, daß sie beauftragt seien, alle Deutschen zu erfassen, die sich in Stettin aufhielten. Sie sahen sich in allen Räumen gründlich um. Der bei uns wohnende Kriminalbeamte und auch meine Eltern und ich waren der Meinung, daß diese Besichtigung nur das Vorspiel zu einer weiteren Aktion gewesen war.

Wir packten also vorsichtshalber unsere Koffer und warteten. Wir wohnten in einem großen Eckhaus mit einem breiten, torartigen Eingang, von dem links und rechts die Treppen zu den Wohnungen abzweigten. Das hintere Tor führte zu einem großen, quadratischen Hof.

In der darauffolgenden Nacht, der Morgen begann bereits zu dämmern, wurde laut an das breite Tor geklopft und heftig daran gerüttelt. Wir waren sofort hellwach und überlegten, was zu tun sei; unsere Wohnung lag ja dem Tor am nächsten. Mein Vater und der Kriminalbeamte gingen schließlich zum Tor und öffneten es. Fünf kräftige Männer stürmten herein und erklärten, daß wir uns innerhalb kürzester Zeit auf dem Hof einzufinden hätten und nur so viel mitnehmen dürften, wie wir tragen könnten. Dies sei ein Racheakt der Polen für alles, was die Deutschen ihnen angetan hätten.

Dann stürmten sie mit lautem Gepolter die Treppen hinauf. Sie wußten wohl genau, wo sie zu suchen hatten ...

Wir hörten hysterische Schreie und Gepolter. Eine Frau wurde die Treppe heruntergestoßen. Ihre Haare waren zerzaust, das Kleid zerrissen. Aus einem Fenster wurde ein aufgeschlitztes Federbett geworfen. Die Federn flatterten auf den Hof, als ob es schneite.

Ich hatte mir mehrere Kleider übereinandergezogen, darüber einen Mantel, so daß ich aussah wie eine schwangere Frau im achten Monat. Darüber lachten sogar die Polen, als sie mich sahen.

Als alle Bewohner des Eckhauses auf dem Hof standen, sprach einer von ihnen zu uns. Er forderte uns auf, Stettin unverzüglich zu verlassen. Über Transportmöglichkeiten informierte er jedoch nicht. So mußten wir, um zu überleben, die eigenen Kräfte mobilisieren.

Ein glücklicher Zufall half uns in dieser schwierigen Situation. Mein Vater hatte noch ein Paar neue Schuhe aus Leder im Koffer, die er nicht benötigte. Ein Flüchtling auf dem Hof besaß zwei zweirädrige Karren, die er hier in Stettin gebaut hatte. Da er Lederschuhe dieser Größe brauchte, wir aber dringlich eine zweirädrige Karre, wurde getauscht. Damit war beiden Familien geholfen.

So verließ eine Karawane Heimatloser den Hinterhof in eine ungewisse Zukunft ...

Wir überlegten kurz und bogen dann in eine zerstörte Hauptstraße ein. Zunächst suchten wir für nur ein Dach über dem Kopf. Vereinzelt lagen schon Deutsche in den zerstörten Häusern, um dort zu übernachten. Meine Eltern und ich fanden gegen Abend eine Schlafgelegenheit in einem größeren Treppenaufgang. Dort schlief eine ältere

Frau in eine Decke gehüllt. Sie wurde wach, und wir unterhielten uns ein wenig.

Es gibt Zufälle, die so abenteuerlich sind, daß man sie nicht für möglich hält! Das Gespräch ergab, daß sie die Mutter des Fliegers war, der in Barth abgestürzt und auf dem Barther Friedhof beerdigt worden war. Er war zugleich der Verlobte meiner befreundeten Kollegin der Lehrerbildungsanstalt in Exin im Warthegau gewesen!

Erst spät in der Nacht übermannte uns der Schlaf.

Am nächsten Morgen, dem 8. Juni 1945, beschlossen wir, zu Fuß mit unserem zweirädrigen Handwagen nach Barth zu gelangen. Unser Freund, der Kriminalbeamte, wollte sich nach Westdeutschland zu seinem Sohn durchschlagen. Er hoffte auf einen Zug jenseits der polnischen Grenze. Wir umarmten uns stumm und ließen ihn gewähren. Leider haben wir auch später nichts mehr von ihm gehört.

Ich glaubte, nach unserer Flucht mit der Bahn, mit einem Pferdetreck und mit einem Schiff schon genügend Erfahrungen gesammelt zu haben, um auch diese Flucht mit dem zweirädrigen Handwagen zu überstehen. Auf der Landstraße eine neue Heimat zu suchen, war jedoch die schwerste Herausforderung meines Lebens.

Als wir die polnische Grenze überschritten hatten, marschierten wir über Pasewalk, Anklam, Jarmen, Demmin, Grimmen, Tribsees wieder nach Barth, um dort seßhaft zu werden. Immer wieder stellte ich mir unterwegs die Fragen: „Wie und wo werden wir in Barth eine neue Unterkunft finden? Wie werden wir uns ernähren können?"

Der Fußmarsch war sehr anstrengend, insbesondere für meinen Vater, der bereits als Schwerbeschädigter aus dem Ersten Weltkrieg zurückgekommen war. Doch die Sorge um das tägliche Brot lenkte uns immer wieder ab. Wir setzten uns jeden Tag ein Etappenziel, um dort eine günstige Übernachtungsmöglichkeit zu finden. Dabei gingen wir taktisch vor. Ich meldete mich zunächst beim Bürgermeister und fragte ihn, ob es in diesem Ort noch eine Treckleitstelle gäbe. In diesem Zusammenhang erwähnte ich auch, daß ich Lehrerin sei und mich um eine Anstellung bemühen müsse. Manchmal sollte ich dann sofort im Ort als Lehrerin anfangen. Damit waren die Fragen der Unterkunft und der Verpflegung wieder einmal für einen Tag geregelt.

Auf der Straße zwischen Pasewalk und Anklam sahen wir auf einem Feld Russen. Sie hatten ein Schaf geschlachtet und einen herrlichen Erbseneintopf gekocht, der wunderbar duftete!

Da ich mich nicht dorthin wagen konnte, schickten wir den Vater mit einem großen Topf zu ihnen. Er wurde freundlich mit Hallo und Gelächter aufgenommen und erhielt so viel Erbseneintopf, daß wir alle drei davon satt wurden. Allerdings waren unsere Mägen schon so geschwächt, daß sie mit Durchfall antworteten.

In Jarmen kamen wir an einem Speicher vorbei, in dem große Mengen Mehl gelagert wurden. Ein Arbeiter schenkte uns einen riesigen Beutel voll, so daß wir eine gute Reserve hatten. Da wir auch in Scheunen oder vorbereiteten Räumen für Flüchtlinge übernachten mußten, in denen schon vor uns andere Heimatlose eine Nacht verbracht hatten, blieben Kleider- und Kopfläuse nicht aus. Auch die Krätze plagte uns gewaltig. So waren wir überglücklich, als wir den Barther Kirchturm, das Wahrzeichen dieser kleinen idyllischen Stadt, von weitem erkennen konnten.

Doch mit der Freude, Barth erreicht zu haben, stellte sich auch Unbehagen ein, das immer mehr von uns Besitz ergriff. Die Ungewißheit unserer Zukunft wurde uns erst jetzt richtig bewußt. Zwei Wochen hatten wir auf der Landstraße zugebracht. Wie würde Barth uns empfangen?

Am Abend des 21. Juni 1945 klopften wir an die Tür des Hauses in der Langenstraße Nr. 77, in dem wir das Ende des Zweiten Weltkrieges erlebt hatten.

Fremde Leute öffneten uns die Tür. In allen Zimmern, die beschlagnahmt worden waren, wohnten mittlerweile andere Flüchtlinge!

Doch alle Mieter dieses Hauses waren sich mit der Besitzerin einig: „Wir finden eine Lösung!“

Jeder wurde erst einmal einzeln untergebracht. Danach erhielten meine Eltern ein kleines Zimmer bei der Familie Sepke und ich ein Zimmer bei der Hausbesitzerin Frau Schwertle.

Mein Vater und ich arbeiteten zunächst in einer Gärtnerei. So hatten wir außer unserem Verdienst Gemüse und Obst und erhielten die Lebensmittelkarte für Berufstätige.

Im Dezember 1945 wurde in Barth, Nordvorpommern, die Schule wiedereröffnet. Ich bekam als Junglehrerin eine feste Anstellung an der Knabenschule. Das Foto zeigt mich zusammen mit meiner Klasse im Sommer 1946. Viele der Buben hatten keine Schuhe.
Meine „Dienstkleidung" hatte ich selbst angefertigt: Bei unserer Einweisung in eine leerstehende Wohnung hatte ich einen halbfertigen langen, hellen Glockenrock entdeckt, in den ich zweimal paßte. Der Schneider hatte wohl Stettin fluchtartig verlassen müssen. Diesen Rock nahm ich bei unserer Ausweisung mit. In Barth wurde er mit Kastanien in einem großen Waschkessel hellbraun eingefärbt. Aus einem dunkelblauen, alten Mantel, der noch aus meiner Zeit in der Lehrerbildungsanstalt Exin stammte, trennte ich die Ärmel und die Taschen ab. So entstand ein schönes Kostüm, das ich täglich zur Schule anziehen konnte.

Um die Versorgung der rund 28.000 Einwohner der Stadt Barth zu gewährleisten, waren bereits am 11. Mai 1945 Lebensmittelkarten ausgegeben worden. Die angestiegene Flüchtlingszahl machte diese Maßnahme notwendig. Alle Personen, die über sechs Jahre alt waren, erhielten für einen Monat:

vier Brote,
150 gr Fleisch und Fleischwaren,
250 gr Pferdefleisch,
250 gr Sirup,
500 gr Erbsen, Bohnen, Grütze, Graupen, Roggenmehl oder Roggensuppe,
50 gr Kaffee-Ersatz oder 10 gr Tee,
50 gr Salz
und ein halbes Stück Einheitsseife.

Das Leben normalisierte sich etwas. Im Juni 1945 wurde in der Fabrik F. C. Krüger wieder mit der Fischverarbeitung begonnen. Auch Kunsthonig wurde hergestellt, bis zu 20 Tonnen am Tag. Etwas später wurde auch die Produktion von Sauerkohl aufgenommen. Die Bootswerft, die Zuckerfabrik und das Torfwerk gaben vielen Barthern die Möglichkeit, für ihren Lebensunterhalt zu sorgen. Weitere Industrie- und Handwerksunternehmen wurden eröffnet.

Da viele Kinder ihre Eltern im Krieg verloren hatten oder durch besondere Umstände von ihnen getrennt worden waren, mußte man für 60 Kinder ein Waisenheim einrichten.

Aus dem Buch: „Und weiter geht es doch", Reihe ZEITGUT, Bd. 8.

[Stäbelow, Kreis Rostock;
Februar 1945–1948]

Eva-Maria Otto

„Steh nicht 'rum, tu was!"

Am 21. Januar 1945 waren wir aus unserer ostpreußischen Heimat Tolkemit, Kreis Elbing*), geflüchtet. Nach einer vierwöchigen Odyssee landeten wir schließlich im Februar 1945 in Stäbelow, Kreis Rostock, wo wir acht Jahre lang bleiben sollten. Mutti war der Meinung, ihre Kinder auf dem Lande besser vor Hunger schützen zu können – wie recht sie hatte. Das Dorf bestand aus sieben Großbauern-Gehöften sowie einigen Häusern, in denen Kleinbauern, Handwerker und Arbeiter lebten. Wir waren die ersten Flüchtlinge in der Gemeinde und wurden im größten Bauernhof einquartiert. Wir bekamen das große Eßzimmer, dessen Fenster nach Norden zeigten, so daß wir all die Jahre in einem sonnenlosen Raum verbrachten. Der große Eßtisch war der Mittelpunkt, an dem sich der größte Teil des Familienlebens abspielte. Hier wurde gegessen, Gemüse geputzt, wurden Briefe geschrieben, Schularbeiten gemacht und gespielt. Im Zimmer standen ein paar Stühle, drei Betten und ein großer Kleiderschrank. Die Bäuerinnen, Mutter und Schwiegertochter, waren nicht gerade erfreut über die Einquartierung und zeigten das recht deutlich. Mutti wurde mit ihnen nie warm, später bestand sogar eine Feindschaft, die für alle sehr belastend war.

Im April erhielt Mutti vom Bürgermeister ein Stück Brachland. Das hat sie sogleich umgegraben und bebaut.

---

*) heute Tolkmicko bei Elblag (dt. Elbing) in Polen

Mutti kannte sich da aus, sie stammte aus der Landwirtschaft. Wir ernteten später Möhren, Salat, Spinat, Petersilie und Kartoffeln. Das waren Kostbarkeiten!

Unser Bauer hatte viele Kühe im Stall. In aller Frühe wurden sie gemolken und die Milch in große Kannen gefüllt, die dann vor dem Stall standen, um später in die Molkerei gebracht zu werden. Manchmal hat sich Mutti zu den Kannen hingeschlichen, um von jeder Kanne etwas Rahm abzuschöpfen. Der wurde dann in einer Blechkanne so lange geschüttelt, bis er sich zu Butter und Buttermilch verwandelte. Auf diese Weise kamen auch wir in den Genuß von „guter" Butter, die doch so wichtig für unsere körperliche Entwicklung war. Im Sommer habe ich aus dem bäuerlichen Garten Äpfel und Birnen „organisiert". Ich hatte dabei kein schlechtes Gewissen und glaube heute noch, daß dieser Mundraub damals gerechtfertigt war, denn die Reichen waren nicht bereit zu teilen. Bei den ärmeren Dorfbewohnern war das anders. Mutti hatte eine sehr liebenswürdige Frau kennengelernt, die ihr sowohl mit Kleinpflanzen und Samen aushalf als auch ihre Nähmaschine zur Verfügung stellte.

Um den 8. Mai herum sah man weiße Tücher von den Dächern und aus den Fenstern der Häuser wehen. Sie signalisierten den einmarschierenden Sowjetsoldaten, daß man sich ergab und so auf Gnade hoffte. In den ersten Tagen nach dem Kriegsende hatten die Soldaten offensichtlich Narrenfreiheit. Frauen und junge Mädchen waren begehrte Opfer. Mutti hatte ein geniales Versteck gefunden, sie kroch in die große Hundehütte des Hofes – dort wurde sie niemals gefunden. Ich war mit meinen neun Jahren nicht gefährdet.

Viele Familien bearbeiteten vom Frühjahr bis zum Herbst einen oder zwei Morgen Zuckerrüben. Die gesamte Familie half mit. Unsere bestand nur aus zwei Arbeitskräften: Mutti und mir. An das Hacken und Verziehen im Frühjahr habe ich angenehme Erinnerungen: Ich war allein auf dem großen Feld, die Sonne schien freundlich und warm hernieder, die Feldlerchen über mir trillerten die schönsten Melodien für mich – und ich konnte wunderschöne Geschichten erträumen. Im Herbst war die Arbeit im Rübenfeld unangenehmer und schwerer. Man ging in gebückter Haltung durch die Reihen, zog links und rechts die Rüben heraus und warf sie mit dem Grünzeug nach außen. Wenn sie dann in Reih und Glied dort lagen, ging man mit einem speziellen Hackmesser wieder durch und schlug das Grünzeug zu beiden Seiten ab. Danach wurden die Rüben aufgesammelt und auf Haufen geworfen. Männer schaufelten sie mit breiten Forken auf die Wagen. Für jeden bearbeiteten Morgen erhielten wir einen festgelegten Geldbetrag und eine bestimmte Menge Rüben. Die wurden sehr aufwendig zu Sirup verarbeitet.

Wie viele andere Flüchtlingsfrauen hat sich auch Mutti zur Landarbeit einsetzen lassen. Im Frühjahr wurden Zukkerrüben gehackt und verzogen. Im Sommer mußte das Heu gewendet, aufgeharkt, auf die Leiterwagen gereicht und fachgerecht gepackt werden. Das abgemähte Getreide wurde von den Frauen zu Garben gebunden und zu Hokken aufgestellt. Die Männer hievten die Garben später auf die Leiterwagen. Mutti verstand sich besonders gut auf das richtige Bepacken, damit das Fuhrwerk nicht umkippte. Während die anderen Frauen in den Pausen plauderten, legte sich Mutti in den Schatten, um Kräfte zu sammeln.

Die ersten Monate des Jahres 1945 vergingen schnell. Nun war es für Mutti an der Zeit, sich in der Klinik vorzustellen, um den genauen Geburtstermin zu erfahren. Am 10. August machte sie sich früh zu Fuß auf den Weg in das zehn Kilometer entfernte Rostock. Auf halbem Wege bot ihr der Kutscher eines Fuhrwerkes an hinaufzuklettern. Welch ein Glück – ein Taxi umsonst! Bis das Ziel erreicht war, mußte sie sich ganz schön durchschütteln lassen. Der Wagen rumpelte über Kopfsteinpflaster und ausgefahrene Sandwege – und das im neunten Monat der Schwangerschaft!

In Rostock begab sich Mutti nach einigen Erledigungen in die Klinik. Inzwischen hatte bereits ein merkliches Ziehen im Rücken eingesetzt! Sie wurde auf die Station für „Abwartende" geschickt. Sie bat darum, in den Kreissaal gehen zu dürfen. Obwohl die Hebamme ihr partout nicht glauben wollte, hatte Klein-Hänschen es doch sehr eilig. Vor Ablauf einer Stunde drängte er auf die Welt.

Wie ich wohl in diesen ersten Tagen mit dem kleinen Dieter und dem 15 Monate alten Eckehard zurechtkam?

Ich weiß es nicht mehr. Nach wenigen Tagen kam Tante Heta aus Warnemünde zu uns. Als man mir erzählte, daß es wieder ein Brüderchen geworden sei, war ich enttäuscht. Wie sehr hatte ich mir ein Schwesterchen gewünscht! Mutti sagte mir, sie sei ganz froh darüber gewesen, denn sie hatte ja schon mich und wollte später nicht in die Versuchung geraten, die leibliche Tochter mir vorzuziehen.

Und wieder hatten wir ein hübsches, blauäugiges Baby bekommen. Ich war nun doch sehr glücklich. Nach wenigen Wochen reiste die Tante leider ab, und Mutti mußte danach bald wieder arbeiten gehen. Tante Heta besuchte uns im Laufe der Jahre immer mal wieder, ich liebte sie sehr. Sie hat mir Volks- und Kirchenlieder beigebracht, die wir zweistimmig sangen. Die Bewohner des Hauses und zwei weitere Flüchtlingsfamilien, die hinzugekommen waren, hörten uns gern zu, ein Radio gab es nicht. Da sich Tante Heta, wie auch Tante Trude aus dem Westen, gut mit den Bäuerinnen verstand, war das immer eine schöne Zeit, denn sie lockerten die Atmosphäre auf. Mutti war nicht die Frau, die gern einmal ein Schwätzchen hielt. Sie war mit dem Erwerb unseres Lebensunterhaltes und der Erziehung von vier Kindern vollauf beschäftigt und überlastet. Manchmal wäre etwas Diplomatie schon angebracht gewesen, Mutti wurde im Laufe der Zeit recht herb. Tante Heta war fromm und sehr herzlich. Von ihr wurde ich schon mal in den Arm genommen und konnte mich auch, wenn nötig, bei ihr ausweinen.

Im Herbst des Jahres 1945 wurde der Schulunterricht wieder aufgenommen. Und endlich kam auch unser Vater zurück, er war in den letzten Kriegsmonaten noch zum

Meine Klasse in der Grundschule Stäbelow, Kreis Rostock, 1947. Ich bin die zweite in der unteren Mädchenreihe. Es gab nur zwei Klassenzimmer. In den Jahren 1945 bis 1947 hatte ich, wie andere Kinder auch, keine Sommerschuhe. Wir liefen den ganzen Sommer über barfuß oder trugen im Dorf angefertigte Holzpantinen. Beim Ährensammeln waren diese zu unbequem, so daß wir auch auf den Feldern barfuß liefen. Die spitzen Stoppeln verletzten uns die Füße nur anfangs, dann wurde die Haut bis zu den Waden so hart, daß nichts mehr weh tat.

Volkssturm eingezogen worden. Zuvor war ihm als Landwirt eine Einberufung erspart geblieben. Vater hatte es nach Kriegsende nach Westdeutschland verschlagen. Über Berliner Verwandte hatte er unsere Adresse erfahren, nun war er gekommen, um die Verantwortung für seine große Familie zu übernehmen – drei kleine Söhne, nicht älter als drei Jahre, eine zehnjährige Tochter und eine überaus tüchtige und starke Frau, die bisher alles allein bewältigen mußte. Was mag er empfunden haben? War es Stolz, Bewunderung oder gar ein wenig Hilflosigkeit?

Was hatte seine Frau geleistet! Sie hatte drei Kinder wohlbehalten durch das schreckliche Jahr 1945 gebracht und ihm noch einen dritten Sohn geschenkt.

Auch unser Vater war ein fleißiger Mensch. Er ließ sich sogleich bei unserem Bauern als Landarbeiter anstellen. Das muß bitter gewesen sein, denn er war jahrelang als Inspektor tätig gewesen. Nun mußte er sich unterweisen lassen und niedere Arbeiten verrichten. Es dauerte aber nicht lange, bis der Bauer bemerkte, daß Vater eine Fachkraft war.

Ein weiteres Bett wurde in das Zimmer gestellt, jetzt lebten sechs Personen in einem Raum! Papa hat tagsüber hart gearbeitet, er hätte dringend seine nächtliche Ruhe gebraucht, aber die kleinen Kinder husteten, weinten oder schrieen, besonders Eckehard. Er hatte aus einem Kinderheim die Krätze mitgebracht, eine stark juckende Hauterkrankung. All das zerrte an Vaters Nerven. Er war manchmal der Verzweiflung nahe. Einmal – oder war es gar mehrmals? – hat er den kleinen Eckehard geschüttelt und verhauen. Das arme kleine Seelchen! Ecki war ein besonders liebes Kind. Es hat uns fast das Herz zerrissen, aber Mutti hat nicht geschimpft, sondern sich nur bemüht, ihn und das Kind zu beruhigen. Papa war nicht etwa ein gewalttätiger Mann. Zu dieser Zeit war er bereits 46 Jahre alt.

Im Gegensatz zu Mutti hatte Papa ein eher lockeres Naturell. Er war bei den Mitarbeitern gut angesehen. Im Dorf schätzte man ihn wegen seiner freundlichen Art. An Dieter und mir hatte er vielleicht die meiste Freude, denn die beiden anderen Kinder waren noch zu klein. Wir holten ihn abends vom Feld ab und durften dann abwechselnd auf einem Pferd reiten. Da Dieter keinerlei Furcht zeigte, war sein Vater besonders stolz auf ihn. Doch die jammervolle Situation ging einfach über seine Kraft. Mutti erzählte mir später, daß er einmal gesagt hatte: „Eines Tages gehe ich und komme nicht wieder!“

Auf schreckliche Weise ist diese Drohung wahr geworden.

Durch die schwere Landarbeit hatte sich Papa möglicherweise eine Schädigung an der Wirbelsäule zugezogen – jedenfalls beschloß er im November 1946, sich untersuchen zu lassen. Er lieh sich ein Fahrrad und fuhr damit zu einem Arzt nach Rostock. Dort geschah das Unglück. Ein junger russischer Soldat wollte offensichtlich den Radfahrer mit seinem LKW erschrecken. Er fuhr ganz nahe an ihn heran, aber Papa wich ihm aus. Der Soldat setzte erneut an, aber Papa konnte auch diesmal ausweichen. Beim dritten Mal schaffte er es nicht mehr. Der Laster streifte das Fahrrad, Papa stürzte auf die Straße und wurde so schwer verletzt, daß er sofort starb.

Ein Bewohner unseres Dorfes war zufällig am Ort und hat das schreckliche Geschehen mit angesehen. Er hat später als Zeuge ausgesagt.

Als Mutti von dem Unglück erfuhr, nahm sie uns in den Arm und schwieg. Sie war stumm vor Entsetzen – wie sollte sie es uns sagen?

Die beiden Kleinen verstanden noch nichts. Dieter vermißte seinen Papa noch eine Weile, ich aber litt sehr lange, obwohl ich zunächst nicht weinen konnte. Arme Mutti, was kann einem Menschen doch abverlangt werden!

Unsere Mutter versuchte, in uns die Erinnerung an Vater wachzuhalten. Auch später in Köln gab es keinen Heiligen Abend, an dem nach dem Vorlesen der Weihnachtsgeschichte nicht an ihn gedacht wurde! Das tat uns allen sicher gut.

Mutti mit ihrer Kinderschar 1947 in Stäbelow, Kreis Rostock. Neben ihr stehe ich, ihre Große. Wir waren Flüchtlinge aus Ostpreußen.

Wieder war unsere Mutter mit ihrer Kinderschar allein. So manche Sorge teilte sie mit mir – mit wem denn sonst? Meistens stand sie früh zwischen fünf und sechs Uhr auf, machte Handarbeiten, putzte Schuhe oder heizte im Winter den Kachelofen ein. Sie nähte, stopfte und strickte.

Nichtstun, nein, das gab es nicht! Sie hat sich alles abverlangt – aber mir auch! „Steh nicht 'rum, tu was!" waren ihre Worte.

Ich mußte Tricks anwenden, um wirklich einmal „nichts zu tun". So erzählte ich, daß ich furchtbar viele Schularbeiten zu erledigen hätte. Dafür wurde mir immer Zeit gewährt. Ich nutzte sie mitunter aus, um heimlich zu schmökern. Gute Bücher brachte Mutti von einer Kundin aus Rostock mit. Die Zeit war zu kostbar, als daß ich die Bücher hätte allein lesen dürfen, wenn schon, dann sollten wir beide etwas davon haben! Also las ich laut. Dadurch habe ich fabelhaft lesen gelernt. Während Mutti am Abend, wenn die drei Jungen bereits schliefen, Eier säuberte und sie sorgsam verpackte oder nähte und strickte, dann war das „unsere Zeit". Das Vorlesen machte richtig Spaß!

Andere Pflichten hingegen waren mir oft sehr lästig. Natürlich versuchte ich, mich vor manchem zu drücken, doch das wurde nicht toleriert. War ich ungehorsam, setzte es Hiebe, Prügel waren damals noch ganz normal. Einmal mußte ich die Rute für meine Züchtigung sogar eigenhändig von der Weide am Bach schneiden. Damit die Nachbarn meine Schmerzensschreie nicht hörten, ging es zur Züchtigung auf den Hof hinter einen Busch. Mutti schritt voran, ich jammernd hinterher.

Beinahe wären mir Schillers „Räuber“ entgangen. Unsere Lehrerin hatte einen Besuch im Rostocker Stadttheater organisiert. Für uns Dorfschulkinder war das ein großes Ereignis. Ausgerechnet an diesem Tag nahm ich den längeren Heimweg um die Kirche und den Dorfteich herum. Das war zu viel! Nun hatte ich schon den ganzen Nachmittag zu meinem Vergnügen vor mir, und dann erlaubte ich mir, weitere zehn Minuten hinzu zu stehlen!

Meiner Untat folgte das Verbot des Theaterbesuches! Auf der Stelle mußte ich zur Schule laufen, um die Theaterkarte zurückzubringen. Ich war verzweifelt und meine Lehrerin sehr traurig. Nur noch eine gute Stunde war es bis zur Busabfahrt. Ich habe geheult und gebettelt.

Eine Mitbewohnerin, mit der wir uns als dritte Partei die Küche teilten, hat bei Mutti ein gutes Wort für mich eingelegt: „Die Eva ist doch nun wirklich ein fleißiges Mädchen, so streng darf man mit dem Kind nicht sein. Wann hat sie schon die Gelegenheit für einen Theaterbesuch?“

Die aber schüttelte nur ihr Haupt: „Was sie heute nicht lernt, das lernt sie nie! Disziplin muß sein!“

Anderseits legte sie Wert auf meine Bildung. Es war ihr schon nicht recht, daß mir so ein berühmtes Schauspiel entgehen sollte. Zehn Minuten vor der Abfahrt des Busses sagte sie: „Nun zieh' schon dein Kleid an und lauf! Aber wenn du noch einmal ...!“

Aus: „Lebertran und Chewing Gum“, Reihe ZEITGUT, Bd. 14.

[Barendorf, Kreis Grevesmühlen – Kalkhorst,
Mecklenburg-Vorpommern;
Dezember 1945–1946]

Waltraut Westphal

„Nebel“, Nachtdienst und Plagegeister

Vom 5. Dezember 1945 an lebe ich mit meinen Eltern und meiner Schwester im mecklenburgischen Barendorf, einem kleinen Ort an der Lübecker Bucht, unsere Flucht aus Kannin, Kreis Schlawe*), in Pommern ist zu Ende. Gleich zu Beginn des neuen Jahres hören wir, daß im Typhus-Krankenhaus Schloß Kalkhorst dringend Pflegepersonal benötigt wird. Als gelernte Schwesternhelferin bewerbe ich mich sofort und habe Glück. Mein Dienstantritt wird auf den 20. Januar 1946 festgelegt.

Bis dahin ist noch viel zu tun. Da ich keine Parasiten ins Krankenhaus einschleppen darf, muß meine gesamte Wäsche von Kleiderläusen befreit werden. In unserer Heimat Kannin, Kreis Schlawe, kannten wir die Kleiderlaus nicht einmal vom Hörensagen. Jetzt haben uns diese üblen Parasiten schon ziemlich im Griff. Ein simpler Strohsack ist uns zum Verhängnis geworden. Wie Millionen Leidensgefährten schliefen wir zunächst auf nacktem Stroh. Wie glücklich waren wir über einen gefundenen Strohsack! Seine Bewohner, die Kleiderläuse, machten sich erst später unangenehm bemerkbar.

Also wird der Kachelofen ordentlich mit Holz gefüttert, Kleider und Wäschestücke kommen in die Ofenröhre. Die Ofentemperatur muß so eingestellt werden, daß die Sachen nicht versengen, die Läuse aber verkohlen. Vom frühen

*) heute Slawno in Polen

Schwesternschülerinnen beim Basteln. Ich bin die dritte von rechts. Eine Aufnahme aus meiner Ausbildungszeit im Emilia-Schiffmann-Haus in Ringenwalde, März/April 1942.

Morgen bis nach Mitternacht sind wir fieberhaft tätig. Am Morgen des 20. Januar, zwei Stunden nach Mitternacht, können wir mit einem Seufzer der Erleichterung diese Aktion beenden. Im Laufe des Vormittags habe ich mich zum Dienstantritt im Typhus-Krankenhaus zu melden. Mein Vater begleitet mich auf dem Weg dorthin und trägt den größten Teil meiner armseligen Habe.

In der Nachkriegszeit herrschen auf dem Gebiet der Krankenpflege besondere Gesetze. Normalerweise läuft der Neuling zunächst so nebenher mit. Ich hingegen muß von Anfang an eine erfahrene examinierte Krankenschwester ersetzen, obwohl ich gerade erst 22 Jahre alt und nur Schwesternhelferin bin. Meine Stationsschwester weist mich kurz in den Umgang mit Typhuskranken ein und erklärt mir, mit welchen Vorsichtsmaßnahmen ich mich gegen eine Ansteckung schützen könnte. Die Einweisung erfolgt zwischen Tür und Angel; zum einen aus Zeitnot und zum anderen, weil kein freier Raum zur Verfügung steht. Außer unserem Eßraum sind sämtliche Räume mit Kranken belegt.

Zunächst mache ich Dienst in der Frauenabteilung. Ich habe den Eindruck, mit Patientinnen aus einer Nervenklinik umgehen zu müssen. Die Kranken, darunter auch ein junges Mädchen, sind durch das hohe Fieber in einem Zustand der völligen Verwirrung. – Das Wort Typhus ist griechischen Ursprungs und bedeutet Nebel. – Unendlich beglückend ist es für uns Pflegende, wenn sich die Krankheit nach Wochen bessert, wenn der „Nebel" weicht. Das junge Mädchen berichtet mir dann, daß ihr ebenfalls an Typhus erkrankter Bruder zunächst im Nebenzimmer gelegen hätte, dann aber verlegt worden sei. Als sie ihn besuchen will, erfährt sie die grausame Wahrheit: ihr Bruder ist „verlegt" worden, jedoch nicht auf eine andere Station, sondern auf den Friedhof!

Nach 14 Tagen übernehme ich die Nachtwache. Weil das Krankenhaus zu wenig Personal hat, bin ich für alle 115 Patienten des Hauses verantwortlich. Um mit Puls- und Fiebermessen bis um 6 Uhr, dem Beginn der Tagschicht, fertig zu werden, muß ich schon gegen 1.30 Uhr beginnen. Zu meinen Aufgaben gehört auch, nach den Sterbenden zu sehen und die Nachtgeschirre zu leeren. Für den Transport der Exkremente stehen uns nur Holzeimer zur Verfügung. Ihren Inhalt schütten wir in einen großen Holzbottich mit Kalklauge, die den Bakterien ein Garaus bereiten soll. Leider müssen 20 Kinder mit vier bis fünf Nachttöpfen auskommen. Selten hat ein Kind ein Bett für sich allein. Vorschulkinder müssen sich sogar zu viert ein Bett teilen. Zwei Kinder liegen am Kopf- und zwei am Fußende des Bettes. Sie schlafen friedlich nebeneinander. Ich staune über die Kleinen, die trotz hohem Fieber, 40° oder sogar 41° C sind die Regel, im dunklen Raum immer ihr Töpfchen finden.

Bevor ich die Tür zum Sterbezimmer öffne, versuche ich, mich auf die eventuelle Begegnung mit dem Tod vorzubereiten. Auch unsere körperlich sehr robuste Stationshilfe Dora wird vom Typhus erfaßt. Während des Deliriums ist sie äußerst aggressiv. In der Nacht schlägt ihre zunächst zu allem entschlossene Aggressivität in eine flehentliche

Bitte um. Leider, leider kann ich ihre gelallten letzten Worte nicht verstehen.

In einem Fall erlebe ich zu meiner Überraschung eine große Freude. Das starke Röcheln der vermeintlich Sterbenden ist weit auf dem angrenzenden Flur zu hören. Jetzt ist es total verstummt. Doch nicht der Tod, wie man ganz sicher annehmen müßte, sondern das Leben hat gesiegt! Innerhalb einer Stunde hat die Patientin ihr volles Bewußtsein wiedererlangt. Der Nebel ist gewichen. Als ich ins Zimmer trete, sitzt sie aufrecht im Bett und erhebt mit erregten Worten ihren Protest: „Wie komme ich hierher? Sofort bringen Sie mich zurück zu den anderen Kranken im Saal!“

Dieser Forderung, auch wenn sie noch so energisch vorgebracht wird, kann ich als Nachtschwester allerdings nicht nachkommen. Am nächsten Morgen sucht die Oberschwester als erstes das Sterbezimmer auf. Sie will kontrollieren, ob die Nachtwache ihren Pflichten korrekt nachgekommen ist. Auch sie wird mit einem Hagel von Vorwürfen empfangen. Die Oberschwester kann handeln. Stehenden Fußes bringt sie die Patientin zurück in den Saal. Unterwegs begegnen wir uns. Die „liebe“ Patientin wirft mir einen triumphierenden Blick zu.

Es war naiv von mir zu denken, im Krankenhaus von der Kleiderlaus verschont zu bleiben. Ich muß jeden Abend meine Tageskleidung auf diese Parasiten hin untersuchen. Das ist Dienstvorschrift. Ich bin wohl zusammengezuckt, als mich die Stationsschwester bei der Einweisung dazu aufforderte. Auch das noch! Wegen Erkrankung von Pflegepersonal sind wir ohnehin schon doppelt gefordert. Meist falle ich nach Dienstschluß hundemüde ins Bett!

Der Rat eines jungen Pflegers hilft uns Schwestern weiter. Er behauptet, die Läuse machten sich immer um das Brustbein herum bemerkbar. Er hat, was mich betrifft, recht. Juckt es um das Brustbein herum, finde ich bei der Kleider- und Wäschekontrolle unweigerlich dieses Ungeziefer, das man im Gegensatz zum Floh aufnehmen und

Den Kriegen folgten im Laufe der Menschheitsgeschichte fast immer ansteckende Krankheiten. Im Mittelalter war es die Pest. Nun, nach dem mörderischsten aller Kriege, sind es Diphtherie, Ruhr, Typhus und Tuberkulose. Nur wenige Kilometer von der Ostsee entfernt – im wunderschönen Schloß Kalkhorst, zu dieser Zeit Typhus-Krankenhaus, – beginne ich am 20. Januar 1946 meinen Dienst als Schwesternhelferin.

vernichten kann. Nachdem ein Krankenpfleger innerhalb weniger Tage an Fleckfieber gestorben ist – der Erreger des Fleckfiebers benutzt die Kleiderlaus als Übertragungswirt – bin ich ängstlich geworden und passe besser auf.

Der Pfleger, der uns den guten Tip gegeben hat, ist von Beruf Maurer. Er baut uns einen großen Ofen, in dem die Läuse abgetötet werden. Einmal zeigt er mir ein Wäschestück. Es ist übersät mit schwarzen Punkten, bestehend aus verkohlten Läusen. Seine Worte sind mir noch heute im Ohr: „Wenn der Mensch Läuse hat, dann mag es noch angehen, doch, wie in diesem Fall, wenn Läuse erst den Menschen haben, ist das entsetzlich!“ Es genügen nämlich wenige Läusestiche, um an Fleckfieber zu erkranken.

Aber auch mit der Kopflaus haben wir im Krankenhaus zu kämpfen. Ein mit Kopfläusen Befallener bekommt deshalb sofort die sogenannte Läusekappe auf.

Eines Abends wird eine stark fiebernde Patientin bei uns eingeliefert. Der Korridor ist nicht geheizt. Wir haben gerade Stromsperre und kein Licht, um den Kopf der Patientin näher zu untersuchen. Guter Rat ist in dieser Situation teuer. Die Patientin wird auf Ehre und Gewissen gefragt, ob sie Läuse hätte. Sie verneint.

Am nächsten Morgen fragt unsere Stationsschwester die Patientin erneut. Ihre Fragerei geht mir auf die Nerven. Ich empfinde sie als diskriminierend. Die Patientin trägt eine blütenweiße Nachtjacke, damals eine große Seltenheit. Aus Protest komme ich beim Bettenmachen dem Kopf der Patientin ganz nahe. Ich will ihr damit zeigen, daß ich ihren Beteuerungen Glauben schenke. Als die Sonne ins Zimmer scheint, wird der Kopf der Patientin gründlich untersucht – und siehe, das hübsche, dichte Kopfhaar wimmelt nur so von Läusen! Ich habe meinen Teil abbekommen und muß mir nun das Anlegen der Läusekappe gefallen lassen.

Nach dem Krieg mußten drastische Maßnahmen ergriffen werden, um die Ungeziefer unter Kontrolle zu bekommen. In der sowjetischen Besatzungszone galt folgende Anordnung: Nur der Bürger, der frei von Kopfläusen ist, bekommt auf dem Bahnhof eine Fahrkarte. Wer eine Reise plante, mußte wohl oder übel die Gemeindeschwester aufsuchen. Fand sie kein Ungeziefer in den Haaren des Reisewilligen, konnte sie ihm die begehrte Bescheinigung ausstellen.

Als sich der Frühling mit seinen höheren Temperaturen ankündigte, befanden sich viele unserer Patienten auf dem Weg der Besserung. Wir waren glücklich darüber. Ein besonderer Dank hierfür gebührt sicherlich den Verantwortlichen der Sowjetischen Militär-Administration. Während Millionen Deutsche buchstäblich am Hungertuch nagten, wurden alle, die an einer Infektionskrankheit bis hin zur Tuberkulose litten, optimal verpflegt. Nur so war eine Pflege in den Krankenhäusern überhaupt sinnvoll, andernfalls wäre jedes Krankenhaus mit Sicherheit zum Sterbehaus geworden.

Aus dem Buch: „Und weiter geht es doch", Reihe ZEITGUT, Bd. 8.

[Nordholz/Deichsende, Landkreis Cuxhaven,
Niedersachsen;
Herbst 1947–Frühjahr 1955]

Gudrun Findeisen

Unser neues Zuhause an der Nordsee

Nun wurde es immer mehr zur Gewißheit: So schnell – wenn überhaupt – würden wir nicht wieder nach Hause, in unsere Heimat in Hinterpommern, kommen, von wo man uns, als ich fünfeinhalb Jahre alt war, 1945 vertrieben hatte. Es galt also, sich mit dem neuen Leben zu arrangieren und das Beste daraus zu machen!

Die Dörfer Nordholz und Deichsende im damaligen Kreis Wesermünde, 13 Kilometer südlich von Cuxhaven, sollten von 1947 bis 1955 zu unserer zweiten Heimat werden. Nordholz, ein altes, hübsches Geestdorf, war damals noch recht klein. Es war das Kerndorf des nach der Eingemeindung der umliegenden Dörfer vergrößerten Ortes und zog sich als Straßendorf etwa zweieinhalb Kilometer am Nordholzer Wald entlang. Der Wald mag es gewesen sein, der meinen Vater dazu bewogen hatte, sich als Lehrer gerade für die Schule in Nordholz/Deichsende zu entscheiden. So fühlten sich meine Eltern in der Fremde ein bißchen an zu Hause erinnert. Einem Vergleich mit den kilometerlangen Wäldern unserer hinterpommerschen Heimat konnte der Nordholzer Wald, durch den man in einer Viertelstunde von einem Ende zum anderen gemütlich spazieren kann, aber nicht standhalten.

Schmuckstück des Ortes ist heute noch die alte Windmühle, die, 1836 erbaut und in den 60er Jahren restauriert, jetzt nicht mehr in Betrieb ist. Wenn ich aus unserem Wohnzimmerfenster blickte, sah ich, wie sich auf der anderen Straßenseite die mächtigen Flügel im Wind drehten. Tag für Tag mahlte damals der Müller noch das Korn für die Bauern der umliegenden Dörfer. In unmittelbarer Nachbarschaft gab es eine Bäckerei mit angeschlossenem Kolonialwarengeschäft, eine Stellmacherei, in der mein Schlitten gebaut wurde, so stabil, daß er später noch meine Kinder erfreute, und sogar eine Dorfschmiede. Wir Kinder schauten gern den Handwerkern bei ihrer Arbeit zu.

Wohnten wir zunächst in der Lehrerwohnung im Schulgebäude zusammen mit einer anderen Flüchtlingsfamilie, so zogen wir 1949 in das Erdgeschoß einer Doppelhaushälfte des Lehrerhauses gleich nebenan. Es hatte zwei Zimmer, eine feuchte Kammer, die meinem Bruder Reinhard zum Schlafen diente, eine große Küche, eine Waschküche, aber kein Bad und Stallungen und ein Plumpsklo in einem Anbau. Im Obergeschoß lebte, nicht von unserer Wohnung getrennt, ein junges Ehepaar mit seiner kleinen Tochter. Erst einige Jahre später bekamen wir ein Zimmer vom Obergeschoß dazu. Das Lehrerhaus gehörte schon zum Dorf Deichsende, das am Ende des Deiches liegt. Aber nicht an dem des heutigen Seedeiches, der das Marschland seit Anfang des 17. Jahrhunderts vor den Sturmfluten schützt, sondern am Ende des alten Deiches, der im Mittelalter errichtet worden war und hier an die Geest stößt. Er ist noch gut sichtbar; eine Straße zieht sich auf der alten Deichlinie durch das Land Wursten in Richtung Bremerhaven hin.

An das weite, flache, fast baumlose Marschland, das sich von Nordholz/Deichsende aus etwa vier Kilometer zum heutigen Seedeich und zum Meer hin ausbreitet, mußten wir uns erst gewöhnen, denn es unterschied sich sehr von der hügeligen, bewaldeten Umgebung unseres pommerschen Heimatdorfes. Ich weiß nicht, ob sich meine Eltern jemals ganz mit ihm angefreundet haben. Ich aber, die ich von meinem siebten bis 15. Lebensjahr hier aufwuchs, gewann diese Landschaft mit ihrem phantasieanregenden Wolkenhimmel darüber lieb.

Meine Eltern. Links: Lehrer Reinhold Reinke (1897–1971), eine Aufnahme vom Oktober 1947, rechts: Martha Reinke (1896–1997), 1944. Der schwere Haarknoten wich 1954 einer modernen Dauerwellen-Frisur.

Für uns Flüchtlinge war die Zeit in Nordholz/ Deichsende sehr entbehrungsreich. Bescheidenheit war angesagt. Es mußte ja alles – von der Bekleidung bis zu den Haushaltsartikeln, vom Radio bis zu den Möbeln – neu angeschafft werden. Erst zu Weihnachten 1951 verschwand das zu einem Sofa umgestaltete Bett aus dem Wohnzimmer, wurden Sofa und Sessel von einem Polsterer aus dem Dorf für uns angefertigt, Wohnzimmerschrank und weitere Möbel erworben oder bis dahin geborgte von den Besitzern abgekauft.

Meine Eltern legten größten Wert auf eine gute Ausbildung ihrer Kinder. Mein älterer Bruder Rudi konnte 1952 die in Pommern begonnene und durch den Krieg unterbrochene Laufbahn in der Finanzverwaltung nun in Nordrhein-Westfalen fortsetzen und stand auf eigenen Füßen; meine Schwester Inge begann ihr Studium 1951, mein jüngerer Bruder Reinhard 1955 und ich 1960.

Meine Eltern waren sehr fleißig, trotzdem mußten wir sparen, wo es ging. Neben dem großen Nutzgarten mit Gemüse und Obst bearbeiteten sie ein weiteres Stück Land, auf dem auch Kartoffeln gepflanzt wurden. Mein Vater schaffte sich bald wieder Bienenvölker an, und es wurden Hühner und Kaninchen gehalten. Letztere aßen wir uns bald über, so daß wir später kein Kaninchen mehr anrühren wollten.

Mutter nähte unter anderem die Bettwäsche selbst, weckte ein, trocknete Früchte und kochte Marmelade. Gemeinsam mit Nachbarn wurde in der ersten schweren Zeit in einem großen Waschkessel in der Waschküche Sirup aus Zuckerrüben gekocht.

Wäscheberge mußten ohne Waschmaschine bewältigt werden. Die Zimmer wurden mit Öfen beheizt. Das Holz dafür hackte und stapelte Vater selbst. In der ersten Nachkriegszeit stellte er Spielzeug aus Holz, wie kleine Häuschen oder Möbel für die Puppenstube, selbst her, aus den Ästen des Weihnachtsbaums schnitzte er Quirle oder Wäscheklammern. Neben seinen Stunden am Vormittag gab

Meine Mutter, meine Schwester und ich, mit Zöpfen, im Jahre 1949 vor unserer Veranda. Jedes Jahr zu Pfingsten bekam ich ein neues Sommerkleid. Das Kleid auf dem Foto war ein für mich geändertes Kleid aus einem Care-Paket.

er eine Zeitlang nachmittags Berufsschülern der Umgebung Unterricht. Vater war außerdem ehrenamtlich als Flüchtlingsbetreuer tätig und konnte als Kreistagsabgeordneter einiges für die Bewohner dieser Region tun. So sorgte er mit dafür, daß im Nachbardorf Spieka eine Apotheke eingerichtet und die Verkehrsanbindung verbessert wurde.

Meine Eltern pflegten einen regen Briefkontakt zu den nach dem Krieg in der BRD und DDR verstreut lebenden Verwandten, Freunden und ehemaligen Bewohnern unseres Dorfes in Pommern. Sie unterstützten die Verwandten in der DDR, die noch ärmer waren als wir, regelmäßig mit Paketen. Wir selbst konnten einige Male mit großer Freude Care-Pakete aus Amerika in Empfang nehmen, die von Menschen kamen, die wir nicht kannten.

Den Heimatvertriebenen aus unserem Dorf Altjugelow, Kreis Stolp*) in Pommern half mein Vater bei den Anträgen zum Lastenausgleich. Im „Stolper Heimatblatt" und „Pommernblatt", herausgegeben in Lübeck bzw. in Hamburg, sowie im „Lupower Rundbrief" wurden regelmäßig Adressen von ehemaligen Bewohnern unserer Heimat bekanntgegeben.

Es war ein großes Verdienst von Pastor Gehlhoff, dem ehemaligen Pastor des Kirchspieles Lupow, zu dem auch mein Heimatdorf gehörte, und seiner Frau, daß sie jedes Jahr zu Weihnachten den „Lupower Rundbrief" verschickten und so die Verbindung der Menschen aus ihrer Gemeinde aufrechterhielten. Bis in die 60er Jahre hinein arbeitete mein Vater ehrenamtlich für die „Heimatauskunftsstelle in Lübeck". Er stellte mit viel Zeitaufwand Vermögenslisten der Bewohner unseres Heimatdorfes zusammen, die für den Lastenausgleich von Bedeutung waren.

Anfang der 50er Jahre rief die „Pommersche Landsmannschaft" im Rahmen eines vom Bundesministerium für Vertriebene erteilten Auftrags in Hamburg die „Aktion Pommern" ins Leben. Die dabei erfaßten Daten zu jeder

---

*) Heute: Gogolewo, Wojewodschaft Słupsk in Polen.

pommerschen Gemeinde und ihrer Bevölkerung dienten der Geschichtsschreibung sowie der Nachforschung über Zivil- und Wehrmachtsvermißte und Kriegsgefangene.

Man bat meinen Vater, an dieser Aktion mitzuarbeiten. In mühsamer Kleinarbeit, unterstützt von meinem Bruder Reinhard, füllte er Fragebögen über das Schicksal unserer Dorfbewohner aus und stellte eine Gemeindeliste von Altjugelow auf, das im Jahre 1939 über 72 Familien mit insgesamt 349 Einwohnern verfügte. Er fertigte einen Dorfplan an, aus dem nicht nur zu ersehen war, wer in den einzelnen Gehöften oder Gebäuden zu dieser Zeit gelebt hatte, sondern auch, welche Gebäude 1945 beim Einmarsch der Russen zerstört worden waren und was mit den Bewohnern geschehen ist.

Es versteht sich, daß bei der vielen Arbeit und den vielseitigen ehrenamtlichen Tätigkeiten für gemeinsame familiäre Unternehmungen die Zeit fehlte. Mir machte das nichts aus! Für mich konnte es nichts Besseres geben, als diese Jahre der Kindheit nach dem Krieg in einem Dorf zu verleben. Wie schön konnten wir spielen! Rollschuhlaufen konnten wir zwar nicht, die Straßen waren noch nicht geteert, sie hatten Kopfsteinpflaster, oder es waren nur Sandwege. Auch der Schulhof war ungepflastert. Dort spielten wir mit Murmeln oder malten uns Felder für „Hinken“ und „Völkerball“ auf. In der Nachbarschaft gab es genug Mädchen und Jungen. Wir spielten „Halihalo“ und – ohne uns etwas dabei zu denken – mit großer Begeisterung „Ich erkläre den Krieg gegen...“, ein Ballspiel aus Kriegszeiten, bei dem es darauf ankam, dem Gegner so viel Land wie möglich abzunehmen.

Es gab weit und breit keine Badeanstalt. Die brauchten wir auch nicht. Wir hatten ja unsere „Wasserlöse“, einen aus der Zeit vor der Eindeichung übriggebliebenen Wasserlauf, der an einer Stelle eine größere Bucht bildete und zum Baden einlud. Hier lernte ich schwimmen.

Gekürzt aus „Schlüssel-Kinder“, Reihe ZEITGUT, *Bd. 6.*

[Herzberg am Harz, Niedersachsen; 1950–1953]

Erika Wagner

Neue Schuhe

Es waren schon fünf Jahre nach unserer Flucht aus Türmitz, Kreis Leobschütz*), Oberschlesien, vergangen. Endlich bekamen wir vom örtlichen Wohnungsamt eine größere Wohnung zugewiesen. Sie bestand zwar nur aus drei kleinen Räumen: Küche, Wohnzimmer und Schlafraum; im Gegensatz zu dem kleinen Dachzimmer, in dem wir fast fünf Jahre leben mußten, war diese Wohnung für uns das Paradies. Küche und Wohnzimmer befanden sich im Erdgeschoß, das Schlafzimmer im Obergeschoß.

Endlich hatte jeder von uns ein eigenes Bett, wir mußten nicht mehr auf Matratzen auf dem Fußboden schlafen. Wir fühlten uns wie Könige. Mutter hatte bei einem Möbelgeschäft das nötigste Mobiliar auf Raten gekauft. Da sie noch immer in der Fabrik arbeitete, bekam sie im Möbelgeschäft Kredit. Lange Jahre mußte sie diesen Kredit abzahlen. Die monatlichen Raten kamen zuerst, dann alles andere. Für Kleidung blieb sehr wenig Geld übrig. Was Mutter selbst machen konnte, wurde für uns drei Mädels geschneidert oder gestrickt. Als jüngste mußte ich jahrelang die Sachen meiner älteren Schwestern auftragen. Oft mit Flicken, aber sauber. Von meinen Mitschülern wurde ich deswegen gehänselt und ausgelacht.

Besonders schlimm war es im Winter, da mußte ich immer hohe Schnürstiefel mit Haken und Ösen und dicken,

*) heute Głubczyce, Górny Śląsk in Polen

genagelten Schuhsohlen tragen. Ich schämte mich furchtbar. Die Kinder aus der Schule riefen mir böse Worte nach, „Kriegssohle“ oder „Flüchtlingsschwein“ waren noch die harmlosesten Schimpfworte. Weinend kam ich nach Hause, aber Mutter war nie da, um mich zu trösten. Sie war ja in der Fabrik.

Schließlich fand ich einen Ausweg: Von nun an ging ich jeden Tag mit Turnschuhen in die Schule – egal was für Wetter war, ob Regen, Schnee oder Frost. Meine Stiefel zog ich zwar zu Hause an, es sollte ja niemand merken, aber die Turnschuhe waren immer im Schulranzen. Mein Schulweg führte durch eine schmale Gasse mit Hecken am Rande des Weges. Hier nahm ich den Wechsel der Schuhe vor. Die häßlichen Stiefel versteckte ich unter dem Gebüsch, zog die Turnschuhe an, damit erschien ich in der Schule. Nach dem Unterricht zog ich dann auf dem Heimweg die Stiefel wieder an. Endlich hatte ich Ruhe vor der Hänselei.

Eine ganze Zeit ging alles gut. Aber eines Tages, als ich aus der Schule kam und aus meinem Versteck unter der Hecke die Stiefel hervorholen wollte, waren, oh Schreck, meine Stiefel weg! Was nun?

Alles Suchen half nichts, sie blieben verschwunden. Bangen Herzens schlich ich mich nach Hause. Was wohl Mutter sagen würde, daß die Stiefel verschwunden waren?

Aber noch wähnte ich sie bei der Arbeit. Bis zum Nachmittag hatte ich ja noch Zeit, mir eine Ausrede einfallen zu lassen. Aber das war ein Irrtum, Mutter war ausgerechnet heute schon zu Hause. Was nun?

Sie empfing mich mit den Worten: „Warum hast du denn bei diesem kalten Wetter Turnschuhe an?“

Mir fiel nichts ein, ich fing an zu weinen. Mutter nahm mich in den Arm und zog meine Stiefel unter dem Tisch hervor. Nun erzählte sie mir, daß ein Brief aus der Schule, vom Schulrektor, gekommen sei, in dem er Mutter zu einem Gespräch bat. Ihm mußte sie die peinliche Frage beantworten, ob sie kein Geld habe, um mir Winterschuhe zu kaufen. Er könne es nicht mit ansehen, das ich bei Wind

Meine Familie: Mutter, meine beiden Schwestern, in der Mitte, die Kleine mit den häßlichen Schuhen, bin ich.

und Wetter mit diesen dünnen Stoffschuhen käme. Meine Mutter war verständlicherweise schockiert. Aus diesem Grund war sie mir am Morgen gefolgt und hatte die Stiefel an sich genommen.

Als ich ihr den Grund für meinen Schuhwechsel erzählte, war sie nicht böse. Nein, sie nahm mich auf ihren Schoß und versuchte mir zu erklären, daß es für sie ohne meinen Vater, der ja im Krieg gefallen war, sehr schwer sei, uns drei Kinder eingermaßen zu ernähren und zu kleiden. Aber da ich nun mal die jüngste sei, müßte ich eben die getragenen Sachen der älteren Schwestern auftragen. Sie sagte mir auch, wie dumm doch jene Kinder seien, die mir so böse Worte nachriefen. Diese hatten ja nichts verloren, keinen Vater, keine Heimat, deshalb wußten sie nicht, was sie sagten.

Von nun an zog ich die Stiefel wieder täglich in die Schule an. Aber bald, es dauerte nicht lange, hatte ich großes Glück und konnte mir vom selbstverdienten Geld ein paar nagelneue Schuhe kaufen. Das kam so: In unserer Nachbarschaft war ein älteres Ehepaar zugezogen. Sie kamen aus Hannover und waren ausgebombt. Der ältere Herr saß im Rollstuhl, er war querschnittsgelähmt. Seine Frau, eine kleine zierliche Person, konnte man kaum hinter dem Rollstuhl erkennen. Eines Tages fragte ich sie, ob ich ihr beim Schieben helfen dürfte. Sie war sehr erfreut und willigte ein, zu zweit war es doch viel leichter. Fortan ging ich oft mit dem Ehepaar Sievers spazieren. Manchmal nahmen sie mich auch mit in ihre Wohnung und schenkten mir selbstgebackene Kekse. Ich half ihnen in meiner Freizeit wo immer ich konnte. Da auch Frau Sievers nicht so gesund war, übertrug sie mir immer ein bißchen mehr Arbeit, so daß ich bald für sie unentbehrlich wurde. Ich kaufte ein, holte Kohlen, Holz und Kartoffeln aus dem Keller, ich putzte Fenster, wusch Geschirr ab, wischte die Fußböden und half mit, ihren Mann aus dem Bett auf den Rollstuhl zu heben. Es machte mir Spaß zu helfen. Und bald bekam ich auch den ersten Lohn. Ich war sehr stolz, mit 11 Jahren schon Geld zu verdienen. Jeden Samstag gab mir Frau Sievers drei Mark.

Nun sparte ich jeden Groschen und jede Mark eisern, denn mein Ziel war ein Paar neue Schuhe. Ich kann mich noch gut erinnern, wie stolz ich war, als ich mit meiner Mutter in die Stadt ging, um mir von meinem selbstverdienten Geld die ersten neuen Schuhe meines Lebens zu kaufen. Für mich waren es die schönsten Schuhe, die ich je besessen habe...

Aus „Schlüssel-Kinder“, Reihe ZEITGUT, *Bd. 6.*

[Klein Sisbeck, Kreis Helmstedt, Niedersachsen;
Juli 1948–Juli 1954]

Ingeburg Zimmermann

„Mutti, ich kann lesen!“

Nach der Ausweisung aus meiner Geburtsstadt Stolp in Pommern und der Flucht aus Leipzig über das Flüchtlingslager Uelzen in den Westen war ein kleines Dorf zwischen Helmstedt und Wolfsburg unsere neue Heimat geworden. Wir lebten auf einem Bauernhof mit Pferden, Kühen, Hühnern, Schweinen, Gänsen, Enten und einem großen Jagdhund.

In dem Bauernhaus bewohnten wir zwei Zimmer, ein größeres, in dem sich unser Leben abspielte, wo gewaschen und gekocht wurde. Hier befand sich ein wunderschöner alter Sekretär mit vielen kleinen Schubfächern, in denen Mutti die Papiere, das Geld und die Lebensmittelkarten aufbewahrte. Das andere Zimmer war klein, es paßten nur zwei Betten hinein. Das Fenster zum Garten war vergittert, und in der Tür war eine kleine Glasscheibe angebracht. Dieser Raum war sicher einmal die Speisekammer gewesen. Zweimal im Jahr wurden die Strohsäcke für die Betten neu gefüllt, dann mußten wir immer eine Fußbank zu Hilfe nehmen, um ins Bett zu steigen. Das fanden wir Kinder herrlich.

Die Bäuerin war eine liebenswerte Frau. Wir mochten sie alle gern. Sie schenkte uns oft kleine Leckereien. Der Bauer aber war ein rabiater Mann. Er schlug seine Frau. Sie tat uns oft leid. Die beiden Söhne aber liebten ihre Mutter über alles. Die Bäuerin lief schon ganz krumm von der vielen, schweren Arbeit.

Ende Juli 1948 waren wir eingezogen. Im August begann wieder die Schule. Wenn ich das Wort „Schule“ nur hörte, bekam ich schon Angst. In der zweiten Augustwoche war es so weit. Mutti brachte mich hin. Ich kam in die zweite Klasse. Meinem Alter nach hätte ich schon in die dritte gemußt. Der Lehrer war ein freundlicher Mensch. Aber die Kinder! Sie starrten mich an wie das achte Weltwunder. In der Klasse waren etwa 70 Prozent Flüchtlingskinder, doch sie lebten schon drei Jahre im Dorf, sie gehörten bereits dazu.

Gleich die erste Bank vor dem Pult wurde mein Platz. Niemand wollte neben mir sitzen. Das war nicht weiter arg. Viel schlimmer war, daß ich keine Bücher hatte. Herr Pinkanelli, der Lehrer, bat die Kinder, mir zu helfen, mir ein Buch auszuleihen. Weit gefehlt! Niemand war bereit, mir diesen Gefallen zu erweisen. Sie hatten alle eine Ausrede parat.

Den zweiten Schultag werde ich nie vergessen. Der Lehrer hatte mir Hefte und einen kleinen Bleistift gegeben. Als die Stunde begann, klopfte mein Herz bis zum Hals. Ich wagte nicht aufzuschauen. Der Lehrer betrat den Raum, wir standen alle auf. Ich hielt den Kopf noch gesenkt, da legte er mir seine Hand auf die Schulter. Er hatte wohl bemerkt, daß ich traurig war. Als er dann noch ein paar nette Worte zu mir sagte, konnte ich die Tränen nicht mehr zurückhalten. Ich heulte wie ein Schloßhund. Wie gern wäre ich in diesem Moment davongelaufen!

Alle Schüler hatten ihre Hausaufgaben, nur ich nicht. Meine Hefte waren leer. Wie hätte ich auch ohne Lehrbuch die Aufgaben machen sollen?

Die Kinder lachten über mich und schwatzten durcheinander, bis Herr Pinkanelli sie zur Ruhe rief. Er nahm mich an die Hand, stellte mich vor die Klasse. Nun begann eine Gardinenpredigt. Die Kinder hörten schweigend zu, nur eine ganz Vorwitzige rief dazwischen: „Die kann ja nicht einmal richtig deutsch sprechen!“ –

Das stimmte allerdings. Aber woher sollte sie auch wissen, warum? Als andere Kinder meines Jahrganges eingeschult wurden, lebten wir noch in Stolp, das jetzt zu Polen gehörte. Zu dieser Zeit war ich täglich unterwegs, um etwas Eßbares zu beschaffen, damit wir nicht verhungerten.

Der Lehrer hielt fest zu mir: „Ingeburg, du bleibst nach der Stunde hier: Die Bücher borge ich dir, nur sauber mußt du sie halten. Es sind meine.“

Ich war selig. Zu Hause setzte ich mich sofort hin. Buchstabieren konnte ich ja bereits, denn das hatte mir Eva-Maria, eine Mitpatientin, im Krankenhaus in Schöningen beigebracht. Doch flüssig lesen war eine andere Sache. Ich übte Stunde um Stunde, zog Buchstaben zusammen, bis sie einen Sinn ergaben.

„Mutti, ich kann lesen!“ Tränen flossen über meine Wangen. In diesem Moment war ich das glücklichste Kind der Welt. Ich verwandte sehr viel Zeit für meine Hausaufgaben. Bald konnte ich auch in ganzen Sätzen sprechen. Wie stolz war ich, wenn der Lehrer mich lobte, wenn unter meinen Arbeiten stand: „Das hast du gut gemacht!“ Abends freute ich mich schon auf den nächsten Schultag!

Im Unterricht war die Welt in Ordnung, doch in den Pausen war ich allein. Die Kinder lehnten mich immer noch ab. Mit einem „Polenkind“, so nannten sie mich, wollten sie nichts zu tun haben. Es tat mir so weh, wenn ich zuschauen mußte, wie die anderen miteinander spielten.

Klaus und Fritz wurden meine ersten Freunde. Klaus war drei Jahre älter als ich, Fritz in meinem Alter. Später kam Anneliese hinzu. Sie war Vollwaise, wurde von ihrer Oma großgezogen. Gemeinsam gingen wir zu den Bauern zum Kartoffellesen. So verdiente ich mein erstes Geld. Im Spätherbst, als es schon fror, halfen wir bei der Zuckerrübenernte. Das war eine schwere Arbeit.

Weihnachten wurde ein sehr schönes Fest. Lehrer Pinkanelli hatte mit den älteren Schülern ein Theaterstück eingeübt. Die Bauern hatten mitgeholfen, dem Fest einen feierlichen Rahmen zu geben. Jedes Kind im Dorf bekam eine große Tüte mit Gebäck und Äpfeln. Wir nahmen die

Gaben wie selbstverständlich hin. Heute frage ich mich, was unser Lehrer, der gute Mensch, alles unternommen haben mag, um dies zu erreichen?

Unsere Familie war arm. Mutti bekam 90 DM Sozialunterstützung im Monat. Unsere Pausenbrote sahen danach aus, meist nur Vierfruchtmarmelade. Die Brote von Anneliese hingegen waren immer mit Wurst überbelegt. So kamen wir auf die Idee, sie zu tauschen. Ich aß die Wurstbrote aber nicht, sondern nahm sie mit nach Hause.

Anneliese, Klaus, Fritz und ich waren eine verschworene Gemeinschaft. In den Pausen saßen wir immer zusammen. Es störte die anderen drei nicht, wenn ich manchmal noch „mir“ und „mich“ verwechselte. Alles in allem hatte ich in kurzer Zeit sehr viel gelernt. Lob und Anerkennung hatten mich beflügelt und zu noch mehr Leistung angespornt.

Jetzt wohnten wir fast ein Jahr hier. Unser Leben verlief in geordneten Bahnen. Ich ging zur Schule, half bei den Bauern. Im Frühjahr wurden Zuckerrüben verzogen, kilometerweit, dann Erbsen geerntet und später Kartoffeln gelesen. Zwischendurch sammelten wir für uns persönlich Holz, Beeren, Pilze und Bucheckern. Es war eine schwere Zeit, aber wir waren frei. Keine Angst mehr vor dem Morgen!

Kurz vor Pfingsten träumte ich, unsere Mutti sei tot. Ich sah sie deutlich auf ihrem Bett liegen, bleich und steif. Wir Kinder standen davor und weinten. Durch mein Schluchzen wach geworden, stand ich auf und lief hinüber zu Mutti. Sie tröstete mich: „Geh wieder schlafen, Inge, Träume sind Schäume.“ Machte ich die Augen zu, war das Bild wieder da.

Am ersten Pfingstfeiertag gab es zu Mittag einen Braten. Wir Kinder mochten das Fleisch nicht essen. Es schmeckte so komisch. Mutti schimpfte furchtbar: „Es geht euch schon wieder zu gut! Ihr habt wohl vergessen, was Hunger ist?“

Wir hatten es nicht vergessen, aber das Fleisch schmeckte wirklich nicht.

Nach dem Essen wollten wir Kinder zum Schützenfest ins Nachbardorf. Auf halbem Weg überkam mich ein eigenartiges Gefühl. Eine innere Stimme sagte zu mir: „Kehr um! Geh nach Hause!“ Ich kam nicht dagegen an.

Meinen kleineren Schwestern Rita und Molly erklärte ich, daß ich zu Hause etwas vergessen hätte, sie sollten schon mal ohne mich zum Festplatz laufen, ich würde später nachkommen. Dann rannte ich los, so schnell ich konnte

Zu Hause war alles ruhig, die Erwachsenen hielten wohl Mittagsschlaf. Ich blickte durch das kleine Fenster in der Kammertür. Doch was war das?

Mutti lag nicht im Bett, sondern davor! Ihr Gesicht war blaß, die Glieder verrenkt. Es war mir nicht möglich, die Tür von außen zu öffnen. Ich pochte wild an die Scheibe, aber Mutti hörte mich nicht. Entschlossen holte ich den Bauernsohn. Er schlug die Scheibe ein und hob die Tür aus den Angeln. Unser Nachbar, der Bürgermeister, rief einen Arzt. Wir flößten Mutti Milch ein, bis sie erbrach.

Es dauerte lange, bis der Doktor kam, er mußte acht Kilometer mit dem Fahrrad zurücklegen, und schließlich der Krankenwagen eintraf, der Mutti nach Helmstedt ins Krankenhaus fuhr. Sie hatte eine Lebensmittelvergiftung. Wir hatten recht gehabt. Das Fleisch war nicht eßbar gewesen. Mutti hatte alles aufgegessen, es durfte ja nichts umkommen.

Der Herbst war wieder ins Land gezogen, die Zuckerrübenernte stand an. Ich war nun in der 5. Klasse. Seit einiger Zeit saßen Erika Nowak und ich in einer Bank. Irgendwie mochten wir uns und dann auch wieder nicht. Sie war diejenige gewesen, die damals in die Klasse gerufen hatte: „Die kann ja nicht einmal richtig deutsch sprechen!“

Wir arbeiteten zusammen auf dem Feld. Erika war eine Fanatikerin, was die deutsche Sprache anbetraf. Wenn ich etwas falsch sagte, sprach sie es mir nach. Das tat weh. So

Um 1950: Eine Flüchtlingsfamilie öffnet ein Care-Paket aus den USA. Der Name „Care", was auch „Fürsorge " heißt, leitet sich ab von der „Cooperative for American Remittances to Europa", die für 22 Wohlfahrtsorganisationen die Hilfe zur Linderung der Not in ganz Europa koordinierte. Die Paketaktion begann im Juni 1946 und war von Anfang an auch ein Vertrauen stiftendes Politikum, weshalb die sowjetische Besatzungsmacht die Lieferung von Care-Paketen in ihrem Machtbereich nur kurze Zeit zuließ. Mit jedem der fast zehn Millionen CARE-Pakete, die zwischen 1946 und 1960 in Deutschland eintrafen, kam neben Nahrung, Medikamenten, Kleidung oder Werkzeug auch ein Stück Hoffnung an.

schluckte ich lieber hinunter, was ich eigentlich sagen wollte. Ich überlegte nun zweimal, bevor ich eine Antwort gab, während Erika bohrte und bohrte. Damals hätte ich sie gerne verhauen. Heute weiß ich, das war gut so. Bald war es umgekehrt. Sprach ich fehlerfrei, wurde Erika zornig.

Kurz vor Weihnachten 1949 fühlte ich mich nicht wohl. Hände und Füße versagten mir den Dienst. Die Gelenke taten schrecklich weh. Hinzu kam Schüttelfrost. Am liebsten saß ich im alten Ohrensessel neben dem gußeisernen Ofen. Zum Fest erhielten wir ein Care-Paket aus Amerika. Für jeden war etwas dabei. Ich bekam ein Kleid und einen Mantel, alles todschick. Nur so richtig freuen konnte ich mich nicht.

Jetzt machte mir auch das Schreiben Schwierigkeiten. Meine Finger konnten den Federhalter nicht mehr richtig führen. Dadurch war ich oft unkonzentriert. Herr Pinkanelli wunderte sich über mich. Schmerzen quälten mich, besonders, wenn ich aus der viel zu kleinen Schulbank aufstehen mußte. Aus Angst, ich müßte ins Bett, verlor ich über meine Beschwerden kein Wort. Ich wollte nicht, daß sich Mutti Sorgen machte. Sie bemerkte es durch einen Zufall: Als ich eines Tages für sie etwas aus dem untersten Fach im Schrank holen sollte, konnte ich mich nicht mehr aufrichten. Ich schrie auf. Kniend heulte ich vor Wut und Schmerz.

Gleich am nächsten Tag gingen wir nach Groß Twülpstedt zum Arzt, hin und zurück acht Kilometer. Das war eine Strapaze. Die Diagnose lautete: Jugendlich-fieberhaftes Gelenkrheuma. Ich mußte mich aufs Sofa legen, im Schlafzimmer war es zu kalt. Die Gelenke wurden in Watte gepackt, damit sie warm blieben. Brigitte, eine Mitschülerin, brachte mir die Hausaufgaben, die ich, so gut es ging, erledigte. Durch meine Krankheit versäumte ich Wichtiges in der Schule, besonders im Rechnen, wir hatten gerade Zins und Zinseszins. Aber ich las viel: „Heidi“, „Gritlis Kinder“, „1001 Nacht“, „Inseln des ewigen Frühlings“, Biographisches über Goethe und Schiller, Mozart und Haydn. Ich durfte die Bücher umsonst aus der Schulbibliothek ausleihen, eigentlich wurden je Buch fünf Pfennige verlangt. Für dieses Geld kaufte unser Lehrer wieder neue Bücher.

Alle Kinder spielten draußen, und ich lag da. Mutti ging damals zu den Bauern nähen, um die Haushaltskasse aufzubessern. Rita und Molly wollten unbedingt den Kinderfilm „Der Frieder und das Katerlieschen“ sehen, der im Gasthof gespielt wurde. Sie bettelten Mutti um 50 Pfennige an. Sie gab sie ihnen aber nicht. Wir hatten zwar noch eine Mark, aber die war für Brot.

Als wir drei Mädchen allein zu Hause waren, nahmen die beiden das Geldstück: „Inge, sag Mutti nicht, daß wir die Mark genommen haben!“ Ich flehte sie an, es nicht zu tun, aber sie hörten nicht auf mich.

Als Mutti nach Hause kam, wußte sie gleich Bescheid. Gegen 19 Uhr kehrten Rita und Molly zurück. Mutti erwartete sie schon mit dem Rohrstock. Den hatte ich einmal gefunden und leider mit nach Hause gebracht. Mutti schlug sofort zu. Noch nie sah ich sie so wütend. Meine Schwestern lagen am Boden. „Nie wieder“, schrie Mutti sie an, „faßt ihr auch nur einen einzigen Pfennig an, der euch nicht gehört!“

Ich weinte mit den beiden.

Vier Monate war ich schon krank. Mein Gesundheitszustand wollte sich nicht bessern, im Gegenteil, es war schlimmer geworden. Schließlich wurde ich ins Krankenhaus eingeliefert. Nach drei Wochen Krankenhausbehandlung war ich endlich ohne Beschwerden. Die Freude darüber währte aber nicht lange. Als die Tage schon wieder wärmer wurden, klagte Rita über Kopfweh. Innerhalb weniger Stunden wurden die Schmerzen so stark, daß sie das ganze Haus zusammenschrie. Es war Hirnhautentzündung. Rita war lange im Krankenhaus. Dank Penizillin wurde sie gerettet.

Im Sommer 1950 bekam Mutti vom Staat eine größere Summe Geld. Alle Flüchtlinge hatten Anspruch darauf. Lastenausgleich nannte sich das. Wir hatten nicht viel davon: Das

1953 in Klein Sisbeck, Kreis Helmstedt. Mutti nähte für uns aus Stoffresten die schönsten Kleider. Sie ging auch zu den Bauern nähen, um die Haushaltskasse aufzubessern. Links auf dem Foto meine Schwester Rita, rechts Molly, die jüngste von uns, in der Mitte ich selbst. Unsere ältere Schwester Grete war schon aus dem Haus. Sie verdingte sich beim Bauern.

Sozialamt, das unseren bisherigen Lebensunterhalt finanziert hatte, zog sogleich den größten Teil des Geldes ein. Von dem Rest kauften wir eine Zinkbadewanne, einen Zinkkessel und einen Herd. Nun konnten wir baden und die Wäsche kochen. Das war bis dahin nicht möglich gewesen, weil in den Ofen nur ein Topf paßte.

Den meisten Bewohnern des Dorfes ging es finanziell besser als uns. Doch wir klagten nicht. Wir hatten hier ein gemütliches Zuhause und wurden immer satt. Mutti nähte aus Stoffresten für uns hübsche Kleider, wir sollten nett aussehen. Sie stand mit uns morgens auf und ging mit uns abends zu Bett. Dann erzählte sie uns Geschichten von früher, als sie noch Kind war, und von unserer Heimatstadt

Stolp. Wenn wir Kummer hatten, tröstete sie uns. Sie gab uns Geborgenheit, erzog uns streng, aber liebevoll.

Eines Tages kam Reini, ein entfernter Verwandter, zu uns. Er war nicht verheiratet, wir wurden seine Familie. Er lebte uns vor, ein guter Mensch zu sein. Wir verdanken ihm viel. Nie verlor er die Geduld mit uns, sparte nicht mit Lob. Wir konnten mit allen Sorgen zu ihm kommen.

Einmal habe ich ihn gefragt, warum es in der Welt immer wieder Krieg gäbe. Er antwortete: „Sieh mal, Inge, wenn du bedenkst, daß in der kleinsten Familie, nicht einmal unter euch drei Mädeln Frieden herrscht, wie dann unter den Völkern der großen Erde?“

Wir diskutierten lange darüber und waren uns dann einig: Mögen doch alle, und gerade auch die großen Männer dieser Welt, die das Zepter in den Händen halten, ihre Streitigkeiten unter sich austragen und nicht ihre eigenen und andere Völker hineinziehen und ins Elend stürzen!

Im Jahre 1954 verließ ich – entgegen meinem Wunsch – die Schule. Herr Pinkanelli hatte eine schöne Abschiedsfeier arrangiert, alle Eltern waren eingeladen. Für jeden Schulabgänger fand er die richtigen Worte. Nun beginne der Ernst des Lebens, hieß es.

Meine Freundinnen und Freunde waren froh, die Schule verlassen zu können. Viel zu schnell waren die letzten sechs Jahre vergangen! Jetzt sollte von heute auf morgen alles vorbei sein? Für niemanden mehr Aufsätze schreiben, manchmal fünf Variationen zu einem Thema? Nie mehr spielen, toben, albern sein?

So gern wäre ich noch ein weiteres Jahr in der Schule geblieben. Aber es hieß: „Inge, du wirst bald fünfzehn! Du mußt vernünftig sein, wir haben schlechte Zeiten.“ –

Dabei war ich doch gerade erst Kind geworden und hatte noch so viel nachzuholen ...

Aus „Schlüssel-Kinder“, Reihe ZEITGUT, *Bd. 6.*

Verfasser *Seiten*

Balduhn, Herta *S. 32*
geb. 1913 in Memel, Ostpreußen, verstorben 1996.
Bisherige Veröffentlichungen: Beitrag in „Täglich Krieg“. Deutschland 1939-1945, Reihe ZEITGUT, JKL Publikationen 2000.

Bertl, Gisela, geb. Genz *S. 105*
geb. 1928 in Schwellin, Pommern,
lebt in Halle, Sachsen-Anhalt.
Beruf/Tätigkeiten: Handelskauffrau im Ruhestand.
Bisherige Veröffentlichungen: Beitrag in „Hungern und hoffen“. Jugend 1945-1950, Reihe ZEITGUT, JKL Publikationen, Berlin 2000.

Bolle, Hildegard, geb. Losch *S. 57*
geb. 1928 in Elbing, Westpreußen,
lebt in Oberasbach, Bayern.
Beruf/Tätigkeiten: Oberlehrerin, im Ruhestand.
Bisherige Veröffentlichungen: „Blätter für innere Mission“. Nürnberg 1949; „Elbing-Kreis-Heft“, Balge 1953/1959/1999; „Elbinger Nachrichten“, Marl; „Neuendettelsauer Korrespondenzblätter“, 1997; „Erlebte Schulgeschichte 1939-1955“, Verlag Julius Klinkhardt, Bad Heilbrunn 1997; „Auch das geschah damals“, Verlag R. Maskus, Gießen 1999; „Und sie treten aus dem Schatten“, epv print, Claudius Verlag; Beitrag in „Hungern und hoffen“. Jugend 1945-1950, Reihe ZEITGUT, JKL Publikationen, Berlin 2000.

Böltz, Hildegard, geb. Hain *S. 147*
geb. 1936 in Marklissa, Niederschlesien,
lebt in Neckarsulm, Baden-Württemberg.
Beruf/Tätigkeiten: Industriekauffrau.
Bisherige Veröffentlichungen: Beitrag in „Gebrannte Kinder“. Kindheit 1939-1945 und „Lebertran und Chewing Gum“. Kindheit 1945-1950, Reihe ZEITGUT, JKL Publikationen, Berlin 1998 und 2000.

Christoph, Hildegard, geb. Remer *S. 72*
geb. 1921 in Schönlanke, Pommern, verstorben 1997,
lebte zuletzt in Greding, Mittelfranken in Bayern.
Beruf/Tätigkeiten: Kauffrau.
Bisherige Veröffentlichungen: Beitrag in „Täglich Krieg". Deutschland 1939-1945, Reihe ZEITGUT, JKL Publikationen 2000.

Elster von Eschelbach, Edith *S. 29*
geb. 1921 in Memel, Ostpreußen,
lebt in Sinsheim, Baden-Württemberg.
Beruf/Tätigkeiten: Hausfrau.
Bisherige Veröffentlichungen: Beitrag in „Täglich Krieg". Deutschland 1939-1945, Reihe ZEITGUT, JKL Publikationen 2000.

Findeisen, Gudrun, geb. Reinke *S. 179*
geb. 1939 in Altjugelow, Kreis Stolp, Pommern,
lebt in Cuxhaven, Niedersachsen.
Beruf/Tätigkeiten: Lehrerin außer Dienst; Hausfrau.
Bisherige Veröffentlichungen: Beiträge in „Gebrannte Kinder". Kindheit 1939-1945 und „Schlüssel-Kinder". Kindheit 1950-1960, Reihe ZEITGUT, JKL Publikationen, Berlin 1998 und 1999.

Hinz, Siegfried *S. 120*
geb. 1934 in Stolp, Pommern,
lebt in Ilmenau, Thüringen.
Beruf/Tätigkeiten: Dreher, Lehrausbilder, Lehrer, im Ruhestand.
Bisherige Veröffentlichungen: Beitrag in „Lebertran und Chewing Gum". Kindheit 1945-1950, Reihe ZEITGUT, JKL Publikationen, 2000.

Höchst, Otto *S. 12*
geb. 1930 in Alt Kattenau, Kreis Stallupönen, Ostpreußen,
lebt in Berlin.
Beruf/Tätigkeiten: Dipl.-Staatswissenschaftler, Kulturwissenschaftler, im Ruhestand.
Bisherige Veröffentlichungen: Text für Bildband „Potsdam". Herausgeber Potsdam-Information, etwa 1973; Beitrag in „Wir sollten Helden sein". Jugend in Deutschland 1939-1945, Reihe ZEITGUT, JKL Publikationen, Berlin 2001.

Kozianka, Günter *S. 124*
geb. 1932 in Königsberg, Ostpreußen,
lebt in Berlin.
Beruf/Tätigkeiten: Diplomphilologe, Redakteur im Ruhestand.
Bisherige Veröffentlichungen: Zahlreiche Artikel zu militärischen und militärökonomischen Fragen in Zeitschriften, u.a. in „Militärwesen", Berlin sowie „Wehrtechnik", Bonn; Beitrag in „Hungern und hoffen". Jugend 1945-1950, Reihe ZEITGUT, JKL Publikationen, Berlin 2000.

Naujoks, Eleonore *S. 39*
geb. 1929 in Königsberg, Ostpreußen,
lebt in Leipzig, Sachsen.
Beruf/Tätigkeiten: Industriekauffrau, Sekretärin.
Bisherige Veröffentlichungen: Beitrag in „Wir sollten Helden sein". Jugend in Deutschland 1939-1945, Reihe ZEITGUT, JKL Publikationen, Berlin 2001.

Naujoks, Helga *S. 47*
geb. 1932 in Preußisch Eylau, Ostpreußen,
lebt in Berlin.
Beruf/Tätigkeiten: Absolventin der Staatl. Schauspielschule Berlin-Niederschöneweide, Schauspielerin, lehnte Zusammenarbeit mit der „Stasi" ab, verdecktes Berufsverbot; heute in verschied. Filmtheatern tätig.
Bisherige Veröffentlichungen: Beiträge in „Gebrannte Kinder. Zweiter Teil". Kindheit 1939-1945, „Hungern und hoffen". Jugend 1945-1950 und „Heil Hitler, Herr Lehrer!". Kindheit 1933-1939, Reihe ZEITGUT, JKL Publikationen, Berlin 1999 und 2000.

Otto, Eva-Maria, geb. Samrowski *S. 164*
geb. 1935 in Danzig,
lebt in Berlin.
Beruf/Tätigkeiten: Krankenschwester, im Ruhestand.
Bisherige Veröffentlichungen: Beiträge in „Gebrannte Kinder. Zweiter Teil". Kindheit 1939-1945 und „Lebertran und Chewing Gum". Kindheit 1945-1950, Reihe ZEITGUT, JKL Publikationen, Berlin 1999, 2000.

Radtke, Karl *S. 94*
geb. 1929 in Bischofswalde, Kreis Schlochau, Pommern,
lebt in Weyhe, Niedersachsen.
Beruf/Tätigkeiten: Lehrer im Ruhestand.

Bisherige Veröffentlichungen: Beiträge in „Wir wollten leben“. Jugend 1939-1945 und in „Wir sollten Helden sein“. Jugend in Deutschland 1939-1945, beide Reihe ZEITGUT, JKL Publikationen, Berlin 1998 und 2001.

Rieck, Hanna, geb. Radzig *S. 152*
geb. 1938 in Hirschberg, Schlesien,
lebt in Soest, Nordrhein-Westfalen.
Beruf/Tätigkeiten: Kinderkrankenschwester; Hausfrau, drei Kinder und drei Enkel; seit 1993 Mitglied der Soester Schreibwerkstatt.
Bisherige Veröffentlichungen: in der Tageszeitung und in der evangelischen Zeitschrift „Frau und Mutter“; „Johannisfeuer“ , Kurzgeschichten und Prosa (Anth.), Wiesjahn-Verlag , Berlin 1997; Beiträge in „Gebrannte Kinder. Zweiter Teil“. Kindheit 1939-1945, Reihe ZEITGUT, JKL Publikationen, Berlin 1999.

Schäfer, Astrid, geb. Städtler *S. 92*
geb. 1940 in Köslin, Pommern,
lebt in Brühl, Nordrhein-Westfalen.
Beruf/Tätigkeiten: Pharmazeutisch-technische Assistentin.
Bisherige Veröffentlichungen: Lyrik im Wort & Mensch Verlag Köln und im Literaturverein Wesel; Kurzgeschichten in verschiedenen Zeitschriften in Köln, Berlin und Dresden; Beitrag in „Gebrannte Kinder“. Kindheit 1939-1945, Reihe ZEITGUT, JKL Publikationen, Berlin 1998.

Schmack, Elisabeth *S. 145*
geb. 1930 in Lindenhain, Kreis Gleiwitz, Oberschlesien,
lebt in Mühlhausen, Thüringen.
Beruf/Tätigkeiten: Krankenschwester und Fürsorgerin.
Bisherige Veröffentlichungen: Gedichte in verschiedenen Zeitschriften; Geschichten in Anthologien und Kalendern; Beiträge in „Gebrannte Kinder“. Kindheit 1939-1945 und „Hungern und hoffen“. Jugend 1945-1950, Reihe ZEITGUT, JKL Publikationen, Berlin 1998 und 2000.

Schoon, Gisela, geb. Wendt *S. 84*
geb. 1926 in Konikow, Kreis Köslin, Pommern,
lebt in Wiesmoor, Ostfriesland, Niedersachsen.
Beruf/Tätigkeiten: Lehrerin, Konrektorin am Schulzentrum Wiesmoor, im Ruhestand.
Bisherige Veröffentlichungen: Beiträge in „Wir wollten leben“. Jugend 1939-1945, „Pimpfe, Mädels & andere Kinder“. Kindheit 1933-1939

und „Heil Hitler, Herr Lehrer!“. Kindheit 1933-1939, Reihe ZEITGUT, JKL Publikationen, Berlin 1998 und 2000.

Wagner, Erika, geb. Heider *S. 185*
geb. 1942 in Türmitz, Oberschlesien,
lebt in Herzberg, Niedersachsen.
Beruf/Tätigkeiten: Kaufmännische Angestellte; jetzt Frührentnerin.
Bisherige Veröffentlichungen: Beiträge in „Nachkriegs-Kinder“. Kindheit 1945-1950" und in „Schlüssel-Kinder“. Kindheit 1950-1960, Reihe ZEITGUT, JKL Publikationen, Berlin 1998 und 1999.

Wellner, Ursula, geb. Lehmann *S. 155*
geb. 1926 in Versin, Kreis Rummelsburg, heute Polen,
lebt in Barth, Mecklenburg-Vorpommern.
Beruf/Tätigkeiten: Fachberaterin für Unterstufen-Lehrer, im Ruhestand.
Bisherige Veröffentlichungen: Artikel für „Deutsche Lehrerzeitung“ (DDR), Berlin 1975; Beitrag in „Und weiter geht es doch“. Deutschland 1945-1950, Reihe ZEITGUT, JKL Publikationen, Berlin 1999.

Westphal, Waltraut *S. 173*
geb. 1923 in Kannin, Kreis Schlawe, Pommern, heute Polen,
lebt in Staßfurt, Sachsen-Anhalt.
Beruf/Tätigkeiten: Schwesternhelferin (DRK), Religionslehrerin, 1970 bis 1985 Heimleiterin, seit 1965 Glied der Bodelschwingh-Haus-Schwesternschaft Wolmirstedt, im Ruhestand.
Bisherige Veröffentlichungen: in Die Pommersche Zeitung, Lübeck/Travemünde; Beiträge in „Pimpfe, Mädels & andere Kinder“. Kindheit 1933-1939, „Und weiter geht es doch“. Deutschland 1945-1950, „Täglich Krieg“. Deutschland 1939-1945 und „Von hier nach drüben“. 1945-1961, Reihe ZEITGUT, JKL Publikationen, Berlin 1998, 1999, 2000 und 2001.

Zimmermann, Ingeburg, geb. Ripholz *S. 137, 189*
geb. 1939 in Stolp, Pommern,
lebt in Wittmund, Niedersachsen.
Beruf/Tätigkeiten: Gemeindeschwester der Stadt Wittmund, im Ruhestand.
Bisherige Veröffentlichungen: Beiträge in „Gebrannte Kinder. Kindheit 1939-1945“. „Nachkriegs-Kinder“. Kindheit 1945-1950" und „Schlüssel-Kinder“. Kindheit 1950-1960, Reihe ZEITGUT, JKL Publikationen, Berlin 1998 und 1999.

Bisher erschienen in der Reihe ZEITGUT

Stöckchen-Hiebe
Kindheit in Deutschland 1914–1933
52 Geschichten und Berichte von Zeitzeugen
336 Seiten mit vielen Abbildungen,
Ortsregister, Klappenbroschur.
Band 3
ISBN 3-933336-02-3, DM 36,97 / EU 18,90

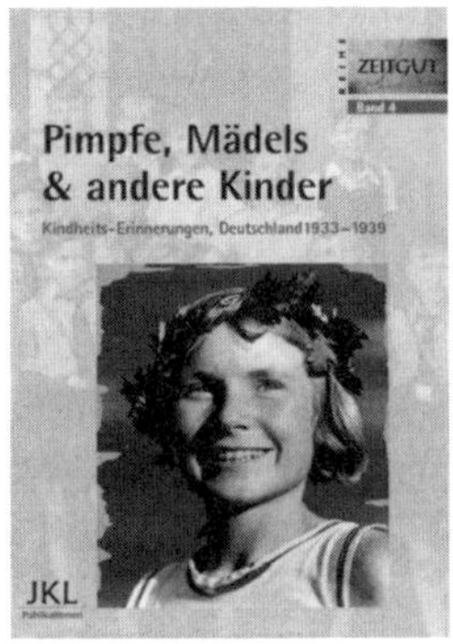

Pimpfe, Mädels & andere Kinder
Kindheit in Deutschland 1933–1939
55 Geschichten und Berichte von Zeitzeugen
322 Seiten mit vielen Abbildungen,
Ortsregister, Klappenbroschur.
Band 4
ISBN 3-933336-03-1, DM 36,97 / EU 18,90

Heil Hitler, Herr Lehrer!
Kindheit in Deutschland 1933–39
50 Geschichten und Berichte von Zeitzeugen
360 Seiten mit vielen Abbildungen,
Ortsregister, Chronologie, Klappenbroschur.
Band 13
ISBN 3-933336-12-0, DM 36,97 / EU 18,90

Gebrannte Kinder
Kindheit in Deutschland 1939–1945
61 Geschichten und Berichte von Zeitzeugen
368 Seiten mit vielen Abbildungen,
Ortsregister, Klappenbroschur.
Band 1
ISBN 3-933336-00-7, DM 36,97 / EU 18,90

Weitere Informationen unter www.zeitgut.com

Bisher erschienen in der Reihe ZEITGUT

Gebrannte Kinder. Zweiter Teil.
Kindheit in Deutschland 1939-1945
36 Geschichten und Berichte von Zeitzeugen
334 Seiten mit vielen Abbildungen,
Ortsregister, Chronologie, Klappenbroschur.
Band 7
ISBN 3-933336-09-0, DM 36,97 / EU 18,90

Nachkriegs-Kinder
Kindheit in Deutschland 1945–1950
67 Geschichten und Berichte von Zeitzeugen
424 Seiten mit vielen Abbildungen,
Ortsregister, Klappenbroschur.
Band 2
ISBN 3-933336-01-5, DM 36,97 / EU 18,90

Lebertran und Chewing Gum,
Kindheit in Deutschland 1945–1950
55 Geschichten und Berichte von Zeitzeugen
361 Seiten mit vielen Abbildungen,
Ortsregister, Chronologie, Klappenbroschur.
Band 14
ISBN 3-933336-14-7, DM 36,97 / EU 18,90

Schlüssel-Kinder
Kindheit in Deutschland 1950–1960
46 Geschichten und Berichte von Zeitzeugen
336 Seiten mit vielen Abbildungen,
Ortsregister, Klappenbroschur.
Band 6
ISBN 3-933336-05-8, DM 36,97 / EU 18,90

Weitere Informationen unter www.zeitgut.com

Bisher erschienen in der Reihe ZEITGUT

Wir wollten leben
Jugend in Deutschland 1939–1945
40 Geschichten und Berichte von Zeitzeugen
344 Seiten mit vielen Abbildungen,
Ortsregister, Klappenbroschur.
Band 5
ISBN 3-933336-04-X, DM 36,97 / EU 18,90

Wir sollten Helden sein
Jugend in Deutschland 1939–1945
38 Geschichten und Berichte von Zeitzeugen
331 Seiten mit vielen Abbildungen,
Ortsregister, Klappenbroschur.
Band 12
ISBN 3-933336-11-2, DM 36,97 / EU 18,90

Hungern und hoffen
Jugend in Deutschland 1945–1950
48 Geschichten und Berichte von Zeitzeugen
361 Seiten mit vielen Abbildungen,
Ortsregister, Chronologie, Klappenbroschur.
Band 10
ISBN 3-933336-06-6, DM 36,97 / EU 18,90

Weitere Informationen unter www.zeitgut.com

Bisher erschienen in der Reihe ZEITGUT

Täglich Krieg
Deutschland 1939–1945
41 Geschichten und Berichte von Zeitzeugen
362 Seiten mit vielen Abbildungen,
Ortsregister, Chronologie, Klappenbroschur.
Band 9
ISBN 3-933336-08-2, DM 36,97 / EU 18,90

Und weiter geht es doch
Deutschland 1945–1950
45 Geschichten und Berichte von Zeitzeugen
361 Seiten mit vielen Abbildungen,
Ortsregister, Chronologie, Klappenbroschur.
Band 8
ISBN 3-933336-10-4, DM 36,97 / EU 18,90

Von hier nach drüben
Grenzgänge, Reisen und
Fluchten 1945–1961
38 Geschichten und Berichte von Zeitzeugen
332 Seiten mit vielen Abbildungen,
Ortsregister, Chronologie, Klappenbroschur.
Band 11.
ISBN 3-933336-13-9, DM 36,97 / EU 18,90

Weitere Informationen unter www.zeitgut.com